Recruter

Français / Anglais

Éditions d'Organisation
1, rue Thénard
75240 Paris Cedex 05
www.editions-organisation.com

DANS LA MÊME COLLECTION
DU MÊME AUTEUR

• *L'entretien téléphonique Français / Anglais*

© Éditions d'Organisation, 2002
ISBN : 2-7081-2695-4

Centre de Techniques Internationales

Patricia LEVANTI
Joselyne STUDER-LAURENS

Recruter
Français / Anglais

Éditions
d'Organisation

à Patrice,
pour sa patience, son soutien et son regard avisé.

Patricia

à I.T.O. – *International Touring Organisation*
pour qu'un rêve devienne réalité…

Joselyne

Sommaire

Table of Contents

X

Introduction : la nouvelle dimension internationale du recrutement

Ce guide s'adresse aux recruteurs qui travaillent dans un environnement international, en entreprise comme en cabinet, et qui ont à mener de façon ponctuelle ou régulière des entretiens de recrutement en anglais face à des candidats de nationalité, de culture et de langue étrangère. L'objectif de cet ouvrage est de leur permettre d'améliorer leur pratique spécifique de l'anglais du recrutement, de mieux comprendre les candidats, leur parcours et d'acquérir de l'aisance dans ce type de communication professionnelle.

Les rapprochements d'entreprises au-delà des frontières, passage obligé pour celles qui veulent « rester dans la course » de la mondialisation, ont contribué à modifier de façon radicale leur fonctionnement interne.

Certaines fonctions sont en ligne de mire de ces mutations : les achats, le marketing, l'approche commerciale des marchés, la gestion financière, la logistique etc.

D'autres métiers, plus fonctionnels, sont parfois laissés pour compte dans les stratégies de formation et d'accompagnement au changement, alors que l'adaptation à cette nouvelle donne est tout aussi fondamentale dans l'accomplissement de leur mission.

2

INTRODUCTION: THE NEW INTERNATIONAL ISSUE OF RECRUITMENT

This book is meant for recruiting consultants who are working in an international environment, either in a company or in a recruiting firm, where they have to conduct regular job interviews in English with applicants of different nationalities, cultures and languages. The aim is to help them to improve their practice of the English language while recruiting, to understand the candidates and their background better and to feel at ease in this particular situation.

As companies have to merge at an international level if they want to win in the race of worldwide competition, they have to alter their internal operations drastically.

Some positions fit easily with these changes: Purchasing, Marketing, developing Sales abroad, Financial Management, Logistics and so on.

But other more functional professions are sometimes left out of the scope of training and coaching strategies, whereas they as well should be adapted to this new environment.

La fonction « ressources humaines/ recrutement » fait partie de cette dernière catégorie. Or, ces métiers ont aujourd'hui un nouveau visage : gestion de la mobilité internationale, suivi de l'expatriation, accueil de collaborateurs étrangers, déplacement ponctuel de personnel à l'étranger, recrutement à l'international, mise en place d'équipes multiculturelles etc.

Les spécialistes du recrutement, en particulier, se trouvent régulièrement confrontés à des situations d'entretien auxquelles ils n'ont pas été préparés et qu'ils ont parfois à affronter dans l'urgence.

De plus, les systèmes de formation, les parcours professionnels et l'organisation des postes de travail diffèrent selon les pays, sans parler, bien entendu, du vocabulaire spécifique qu'il faut savoir utiliser dans ce type de situation.

La maîtrise de ces nouvelles compétences devient, pour certains postes, un enjeu vital lorsque l'on veut véritablement répondre aux exigences de sa fonction.

Human Resources and Recruitment belong to this last category. These jobs have to face a new challenge: to manage international mobility, to follow up expatriation, to welcome foreign colleagues, to arrange stays abroad for the company's employees, to recruit for international positions, to set up multicultural teams and so on.

Recruiting specialists particularly have to cope with interviews for which they were not trained but must tackle urgently.

Moreover, the educational systems, professional backgrounds and job descriptions vary from country to country, let alone the specific vocabulary to be used in this kind of situation.

Developing these new skills is becoming, for certain jobs, key to meeting your goals.

PRÉPAREZ VOTRE RECHERCHE

Vous êtes chargé d'effectuer un recrutement au niveau international en privilégiant des candidats étrangers, vous allez donc devoir le mener directement en anglais.

Ce parcours du combattant se fera en plusieurs étapes, et nous allons essayer pour chacune d'entre elles de déjouer les pièges et d'expliciter la terminologie la mieux adaptée.

Vous passez une petite annonce

Il vous arrive parfois d'avoir à rédiger une petite annonce en anglais, dans certains cas même sur des supports français.

On sait qu'il n'est pas toujours évident de rédiger une offre interne ou externe en français alors dans une langue étrangère, les choses se corsent !

Si vous avez la chance de disposer de profils de poste détaillés en français et en anglais, cela vous facilitera grandement la tâche, même si des adaptations sont toujours nécessaires.

Dans le cas contraire, utilisez toute la documentation en anglais disponible (plaquette de présentation, rapport annuel, organigramme, documentation interne, site Internet etc.) afin d'acquérir la terminologie la mieux adaptée.

You are in charge of leading a recruitment, at an international level from a field of foreign candidates, you will have to lead it in English.

You will carry out this "obstacle course" step by step and we will try to avoid traps along the interview and to explain the best adapted vocabulary.

Publishing a classified ad

You sometimes have to write a job ad in English, even for French-speaking newspapers.

Everybody knows that advertising a job opportunity for both internal and external candidates is not easy, it is even worse having to do it in a foreign language!

If you are lucky enough you will have detailed job descriptions in French and English to work from. This will make things easier, even if you have to adapt them.

Otherwise, try to use any **literature** available in English so as to learn the best-suited vocabulary (Company booklet, annual report, Web site and so on).

ALERTE PIÈGE :
attention au sens commercial de « literature » qui veut dire la documentation commerciale (catalogues etc.).

La structure de la petite annonce

Toute offre d'emploi comporte à peu près la même structure afin de rester exploitable pour le candidat.

Présentez succinctement votre entreprise

Vous indiquerez brièvement l'appartenance à un groupe, éventuellement le rang européen ou mondial, le type de site, le secteur d'activité ou les produits, les marques commerciales si elles sont différentes, la taille ou l'effectif, la localisation précise du poste.

Si vous ne souhaitez pas dévoiler l'identité de votre entreprise, vous remplacez sa raison sociale par « Notre société ».

« ABC », filiale du groupe « ABC Inc. », leader mondial dans le secteur des composants électroniques, 500 personnes en France, recherche pour son site de Lyon :

« ABC », PME leader dans le secteur des connecteurs informatiques (marques « ERT » et « TYKI »), recherche pour son siège social de Paris :

Indiquez les caractéristiques du poste

Tout d'abord indiquez l'intitulé exact du poste et, s'il s'agit d'une dénomination interne, assurez-vous qu'elle sera clairement compréhensible par vos futurs candidats et sera représentative du niveau réel du poste (en précisant éventuellement sa place dans l'organigramme).

Par exemple, quel sens donnez-vous à l'adjectif « commercial » ? Pour certains il se réfère uniquement à la fonction « vente », donc en amont de la commande, pour d'autres il peut concerner la phase de suivi de la commande, c'est-à-dire l'administration des ventes.

8

The ad lay out

Job ads are more or less similar in lay-out.

Introduce your company briefly

Mention the fact that your firm belongs to a group, give its European or world rank, the field of activity or products, trademarks, manpower, the precise location of the job.

If you want to keep your company's name confidential, replace it by "Our Company...".

« ABC », subsidiary of « ABC Inc » group, world leader in the field of electronic components, with 500 employees in France, is seeking for its Lyons facility :

« ABC », a medium-sized business leader in the field of computer connectors (« ERT » and « TYKI » brands), is seeking for its head-office in Paris :

State the job specifications

Mention the job title precisely and make sure that it will be clearly understood by prospective candidates, possibly specify where it is in the organisation chart.

For instance, what is the meaning of "sales"? For some people it refers only to the action of "selling", that is before the order is placed. For others it can also be applied to order-processing, that is sales administration.

Exemple 1 :

Un « assistant commercial » que l'on peut également qualifier de gestionnaire commercial, gestionnaire de commande, assistant administration des ventes.

Exemple 2 :

Un « assistant commercial » qui assure la base arrière d'un commercial terrain et gère les relations avec les clients jusqu'à la passation de la commande.

Autre exemple : la recherche de responsables

> *Nous recherchons un :*
>
> *Responsable commercial grands comptes, chargé de superviser une force de vente Europe de 15 commerciaux, sous la responsabilité du directeur international.*

> *Nous recherchons un :*
>
> *Directeur exportation placé directement sous la responsabilité de la direction générale, chargé d'élaborer la stratégie de développement international et de superviser 4 responsables de zone pour un CA global de 250 millions d'euros.*

Ensuite précisez les principales responsabilités et attributions du poste en mettant l'accent sur les points essentiels.

> *Il (elle) aura pour principale mission :*
>
> *La conception de la politique commerciale et des objectifs de CA par zone en liaison avec le marketing, l'élaboration du budget du service, l'animation de la force de vente, l'interface avec les services internes (finance, logistique, informatique, etc.), le suivi des résultats.*

10

Example 1 :

A "Sales Assistant" who can also be called a sales administrator or a sales administration assistant.

Example 2 :

A "Sales Assistant" who is in charge of bringing support to a sales representative and is in contact with customers.

An other example for the search of Managers

We are seeking a :
Key Accounts Manager, in charge of leading an European Sales team of 15 and reporting to the International Director

We are seeking an :
Export Director, reporting directly to the General Management. He will be in charge of drawing up the international development strategy and supervising four Area Export Managers handling a total turnover of 250 million euros.

ALERTE PIÈGE :
« to be in charge of » se traduit par « être responsable de » et non pas « se charger de » = (to arrange for).
phrasal verb « to draw up » = élaborer ou établir.

EXPRESSION ET MOT CLÉ :
"Turnover" : le chiffre d'affaires mais aussi la rotation (du stock : stock turnover) ou du personnel (staff turnover).

Next, specify the main responsibilities and job assignments and stress key points.

The "............." will be responsible for :
Designing sales policy and targets for each export area with the marketing department, **working out** the division budget, managing the sales force, interfacing with internal departments (finance, logistics, computer, etc.), following up results.

Il (elle) gèrera en propre un portefeuille de grands comptes au niveau européen.

Il (elle) sera garant(e) du maintien des marges et de la qualité du service au client.

Spécifiez le profil recherché

Après avoir indiqué le contexte d'entreprise et le poste à pourvoir, vous préciserez le niveau du candidat et les compétences attendues.

De formation école supérieure de commerce, le candidat sera bilingue anglais, la pratique d'une autre langue étrangère européenne est souhaitée.

Une expérience de 5 ans minimum dans le même secteur d'activité est exigée.

Outre la pratique de l'encadrement de force de vente, le candidat sera rompu à l'intégration de nouveaux outils informatiques dans le cadre de sa fonction.

La connaissance de la mise en place de la certification ISO serait un plus.

Vous pouvez éventuellement indiquer la fourchette de rémunération proposée.

Dans les petites annonces anglo-saxonnes, on trouve souvent une rubrique « Avantages » qui précise les différents avantages offerts en complément de la rémunération (en cas d'expatriation, par exemple).

Avantages : Nous proposons 6 semaines de congés payés, un plan de retraite entreprise, la prise en charge totale des frais de déménagement, une prime supplémentaire pour frais d'installation, l'aide à la recherche d'un logement et d'une école, le remboursement des frais de voyage une année sur deux vers le pays d'origine.

The "............." will manage the key accounts portfolio in Europe, and will be accountable for profit margins and good-quality customer service.

ALERTE PIÈGE :
phrasal verb « to work out » = élaborer ou calculer.

Specify your requirements

After outlining the company context and the position offered, specify the level of experience and ability expected from applicants.

A Business School graduate, the candidate is expected to be fluent in English and ideally one other European language, with a : minimum experience of 5 years in the same field of activity in addition to the management of a sales force, the applicant will be used to integrating new computer programs within the scope of his job.
Knowledge of ISO certificate implementation is preferred.

You may mention the salary range offered.

A specific heading, called "Benefits" is often mentioned in English-speaking ads to specify the main advantages offered in addition to the salary (in case of expatriation, for instance).

Benefits : we offer 6 weeks annual vacation, a staff retirement plan, full coverage of removal expenses, an additional allowance for installation expenses, assistance with finding housing and schools, paid travel to the home country every other year.

ALERTE PIÈGE (Ne pas confondre) :
« benefits » = les avantages et « profits » = les bénéfices.

Enfin, vous précisez le mode de prise de contact que vous demandez aux candidats de suivre :

Adressez votre candidature accompagnée d'un CV détaillé avant le 15 février 2002 en précisant la référence AP 2002/45, à : ....

Ou par e-mail :

(Pour des précisions sur le poste : http://..................).

Il est à noter que dans les petites annonces anglo-saxonnes, des références sont demandées dans le CV.

Le CV comportera les références complètes de trois personnes données en référence.

De même, lors de candidatures internationales pour des postes de direction générale, on peut parfois spécifier :

Seules les candidatures retenues feront l'objet d'un accusé de réception.

Le vocabulaire utilisé dans la petite annonce

La terminologie utilisée dans les offres d'emploi est très spécifique, en français comme en anglais.

Outre les intitulés de postes propres à certaines activités, quelques abréviations sont couramment rencontrées.

Finally, explain how you expect the candidate to get in touch with you:

*Send your application **enclosing** a detailed résumé and reference number before February 15ᵗʰ 2002, to.........................*

Or by email :

(For any further information on the job offered :
http ://.................................).

> **ALERTE PIÈGE (Ne pas confondre) :**
> *« to enclose » = joindre un document et*
> *« to join » rejoindre ou être embauché.*

Note that professional references must be mentioned on the résumé, as requested in English-speaking classified ads.

Please send a CV with the names and full addresses of three referees.

Similarly in the case of international management positions, the following statement is customary:

Only those applications from qualified candidates will be acknowledged.

The vocabulary of classified ads

As in French, the wording used is very particular.

Besides job titles which apply to certain activities, some abbreviations are common.

Les principales abréviations :

CDD	Contrat à durée déterminée	Fixed-term contract
CDI	Contrat à durée indéterminée	Open-ended contract
Sté	Société	Company / firm
E.T.T	Entreprise de travail temporaire	Temporary employment agency
VRP	Vendeur représentant	Representative
H/F	Homme / Femme	Male / Female
Rech.	Recherche	Seeking
Réf.	Référence	Ad identification
CA	Chiffre d'affaires	Turnover / sales figures
K€	Mille euros (Kilo euros)	One thousand euros

Les intitulés de postes et de fonctions

Là encore, la diversité est de mise !

En effet, il n'est pas rare de se rendre compte qu'une même fonction peut porter différentes dénominations selon les entreprises et, qu'à l'inverse, un intitulé de poste peut recouvrir différentes fonctions.

Exemple 1 :

Le « responsable des achats » que l'on pourra également trouver sous l'intitulé de « responsable procurement » ou de « chef de groupe achat » (à un niveau légèrement inférieur).

The main abbreviations:

c	Circa (in the region of)	Environ
Ad id.	Ad identification	Référence
I.T.	Information Technology	Technologies de l'information
HQ	Headquarters	Siège social
P.A	Personal Assistant	Assistante de direction
Co. car	Company car	Voiture de société
Ops	Operations	Opérations (sur le terrain)
Ref	Reference	Référence
Reps	Representatives	Commerciaux
€ 40 K	40,000 euros (40 kilo euros)	40 mille euros (40 K€)

Job titles

Here again, the range is wide.

You have probably noticed that the same position can be named differently according to the company and that, conversely, the same job title can mean different functions depending on the company.

Example 1:

The "Purchasing Manager" who can also be called a "Procurement Manager" or even "a Group Leader" at a lower level.

Exemple 2 :

L'« assistant marketing » qui en fait n'assiste personne mais se trouve être un « chargé d'études marketing », titre bien plus valorisant !

Attention également aux différences d'acceptation de postes entre les organigrammes anglais, américains et français.

Français

PDG
Directeur général
Directeur adjoint
Directeur administratif
Cadre supérieur
Responsable
Adjoint

Voici les principales fonctions de management rencontrées le plus généralement dans les petites annonces :

- **Juridique et fiscale**

Responsable juridique, spécialiste juridique contrats internationaux, spécialiste fiscalité internationale, conseiller juridique.

Example 2:

The "Marketing Assistant" who assists no one in fact, but is a "Marketing Researcher", a more image-enhancing title!

Beware of differences between British, American and French organisation charts.

English	American
Chairman and Managing Director	Chairman and C.E.O. President
Managing Director	General Manager C.E.O.(Chief Executive Officer)
Deputy Director	Assistant Manager
Administrative Director	Executive Director
Executive Officer	Executive Officer
Head of	Manager Supervisor
Deputy to	Assistant to

ALERTE PIÈGE :
attention à l'utilisation de « deputy » (qui veut également dire député) et à celle de « assistant » qui veut également dire assistant !

Here are the management positions most commonly encountered in the classified ads:

Legal and fiscal

Legal Manager, Legal Specialist in international contracts, International Fiscal Specialist, Legal Adviser.

Financière

Directeur financier, responsable crédit clients, responsable trésorerie internationale, contrôleur de gestion, analyste financier, commissaire aux comptes, auditeur, expert comptable, chef comptable, aide-comptable.

Technique

Ingénieur (.............), ingénieur d'affaires, technicien, chef de projet, chargé d'études, spécialiste en propriété industrielle, responsable recherche et développement, responsable assurance qualité.

Marketing et communication

Directeur marketing, chef de produit, assistant marketing, chargé d'études marketing, assistant chef de produit, chef de publicité, responsable de la planification marketing.

Commerciale

Directeur commercial, directeur export, représentant, vendeur, technico-commercial, responsable de zone, chargé de clientèle.

Administrative

Assistant administratif, gestionnaire administratif, gestionnaire de commandes, employé administratif, directeur administratif et financier.

Logistique

Directeur logistique, responsable transport, responsable douane, gestionnaire de stocks, opérateur logistique, opérateur back-office import, assistant négoce.

Financial

Finance manager, Credit Manager, International Treasurer, Management Controller, Financial Analyst, Government Auditor, Auditor, Chartered Accountant, Accountant, Book-keeper.

ALERTE PIÈGE :
on utilise « Finance Manager » et non pas « Financial Manager ».

Technical

(.....................) Engineer, Business Engineer, Technician, Project Manager, Patent Rights Specialist, Research and Development Manager, Quality Manager.

Marketing and communication

Marketing Director, Product Manager, Marketing Assistant, Marketing Researcher, Assistant Product Manager, Advertising Manager, Marketing Planner.

Commercial

Sales Director, Export Director, Representative, Seller, Sales Engineer, Area Sales Manager, Account Manager.

Administrative

Administrative Assistant, Administrator, Sales Administrator, Clerk, Administrative and Financial Manager.

Logistical

Logistics Director, Transport Manager, Customs Manager, Stock Controller, Logistics Operator, Import Back-office Operator, Trading Assistant.

ALERTE PIÈGE :
ne pas confondre "trade" : le commerce et "trading" : le négoce.

Informatique

Directeur informatique, spécialiste réseaux, ingénieurs d'application, directeur du développement, responsable opérations.

Les responsabilités et les missions

Un vocabulaire particulier est utilisé également dans ce domaine où certains termes sont récurrents dans les annonces, en voici quelques exemples :

Adaptation	Aménagement	Amélioration	Analyse
Animation	Anticipation	Arbitrage	Augmentation
Collaboration	Conception	Conduite	Coordination
Consolidation	Consultation	Contrôle	Création
Définition	Diagnostic	Direction	Développement
Diversification	Élaboration	Encadrement	Étude
Évaluation	Exploitation	Formation	Gestion
Harmonisation	Implantation	Information	Innovation
Installation	Intégration	Interface	Lancement
Maîtrise	Mise au point	Mise en place	Motivation
Négociation	Optimisation	Orientation	Organisation
Participation	Pilotage	Proposition	Perfectionnement
Prévision	Planification	Préparation	Présentation
Promotion	Progression	Prospection	Rationalisation

Information technology

Computer Manager, Network Specialist, Application Engineer, Development Manager, Operations Manager.

Responsibilities and assignments

Specific words are very often used in classified ads to express abilities, here are some examples :

Adaptation	Arrangement	Improvement	Analysis
Animation	Anticipation	Arbitration	Increase
Collaboration	Design	Running	Co-ordination
Collection	Consultation	Monitor	Creation
Definition	Diagnosis	Leadership	Development
Diversification	Working out	Team Management	Study
Assessment	Exploitation	Training	Management
Harmonising	Setting up	Information	Innovation
Installation	Integration	Interface	Launching
Command	Finalisation	Implementation	Motivation
Negotiation	Optimisation	Direction	Organisation
Participation	Driving	Proposition	Perfecting
Forecast	Schedule	Preparation	Presentation
Promotion	Progression	Prospecting	Rationalisation

Réalisation	Recherche	Réduction	Renforcement
Répartition	Sélection	Sensibilisation	Suivi
Supervision	Validation	Valorisation	Vérification

Les tâches

Saisie	Consolidation d'informations	Classement	Archivage
Passation d'écritures	Traitement de commandes	Vérification de documents	Accueil téléphonique
Organisation de réunion	Gestion de plannings	Réception des produits	Contrôle qualité
Facturation	Envoi d'échantillons	Préparation de voyages d'affaires	Gestion de l'agenda
Préparation de l'ordre du jour d'une réunion	Suivi de tableaux de bord	Calcul de marges / budgets	Recherche de produits
Mise à jour de fichier	Prise de rendez-vous	Prise de notes en sténo	Rédaction de rapports

Les qualités demandées

Quelques adjectifs :

Homme de terrain	Rigoureux	Autonome	Fiable
Volontaire	Adaptable	Réactif	Pragmatique
Créatif	Disponible	Exigeant	Facile à vivre
Efficace	Énergique	Souple	Perspicace

Achievement	Research	Reduction	Strengthening
Allocation	Selection	Awareness	Follow up
Supervision	Authentication	Valuation	Checking

Tasks

Capture or Input	Collecting information	Filing	Recording
Book-keeping	Order-processing	Checking documents	Reception on the phone
Arranging meetings	Scheduling	Product reception	Quality control
Invoicing	Sending samples	Arranging business trips	Diary control
Preparing the agenda of a meeting	Follow up of flowcharts	Margin and budget computation	Sourcing
Updating database	Making appointments	Shorthand writing	Writing reports

Required qualities

Some adjectives:

Man with practical experience	Rigorous	Autonomous	Reliable Dependable
Self-willed	Adaptable	Pro-active	Pragmatic
Creative	Free	Demanding	Easy-going
Efficient	Energetic	Flexible	Shrewd

Les principales aptitudes recherchées :

Ouverture d'esprit	Sens de la pédagogie	Esprit de synthèse	Sens des responsabilités
Initiative	Capacité de concentration	Capacités rédactionnelles	Discrétion
Capacité d'analyse	Force de conviction	Qui fédère les équipes	Sens relationnel
Qui fait les choses à fond	Qualité d'écoute	Résistance au stress	Esprit d'équipe

Exemples de petites annonces

Techniques

Directeur technique

Notre société conçoit, développe et fabrique une gamme complète de systèmes électromécaniques. Leader mondial dans notre domaine, nous proposons une technologie de pointe dans la mise en œuvre de solutions couvrant des domaines très variés (électronique, télécom, automobile, aérospatiale, défense).

Le directeur technique sera responsable du développement et de la qualification des systèmes tout en apportant également un support technique à l'après-vente.

À la tête d'une équipe d'ingénieurs confirmés, il devra gérer tous les aspects techniques du programme et définir les méthodes de conception et les approches technologiques.

Il sera responsable de l'interface et du support aux autres intervenants en interne comme à l'extérieur.

Le candidat idéal sera titulaire d'un diplôme d'ingénieur, avec au moins 3 ans d'expérience dans une fonction technique et de management.

Salaire aux environs de 40 000 livres plus avantages.

Desired capacities

Open-minded	Teaching skills	Synthesis	Facing up to responsibilities
Initiative	Concentration	Writing skills	Discretion
Analysis	Convincing spirit	Leadership	Interpersonal skills
Working body and soul	Listening capacity	Working under pressure	Team spirit

Examples of classified ads

Technical positions

Chief engineer

*Our company **designs**, develops and manufactures an extensive range of electro-mechanical systems. As a world leader in this field, we supply leading edge solutions for a wide range of applications (electronics, telecoms, automotive, aerospace, defence).*

The Chief Engineer will have responsibility for development and qualification of systems as well as providing after-sales engineering support. Leading a team of professional engineers, he will manage all the technical aspects of the programme, defining technologies and design approaches.

He will be in charge of interfacing and providing support to other stakeholders, internally and externally.

Ideal candidates will be degree qualified engineers, with at least 3 years relevant engineering and management experience.

*Salary **circa £ 40,000** + benefits.*

ALERTE PIÈGE :
to design se traduit par dessiner mais le plus souvent par « concevoir ».

Postes Marketing et Communication

Directeur du marketing opérationnel

Nous connaissons la meilleure croissance dans notre secteur des produits de consommation aux États-Unis et recherchons notre directeur du marketing opérationnel pour le marché américain.

Le directeur marketing opérationnel sera chargé de :
La création et le développement de la notoriété du produit sur son marché.
La formation et l'animation d'une équipe de 10 personnes.

La gestion et la supervision de toutes les activités et programmes de marketing opérationnel de l'entreprise, comme :
Les événements régionaux et nationaux.
Les programmes de formation des chefs de produits
La coordination des achats de spots radios

Profil recherché :
Diplôme Bac+4
Un minimum de 5 ans d'expérience réussie dans le marketing de produits de consommation
Pratique de l'encadrement opérationnel exigée
Expérience des événements marketing et médias souhaitée
Déplacements fréquents, jusqu'à 25 % du temps.

Nous proposons :
Un salaire de base entre 90 000 $ et 120 000 $ selon expérience
Possibilité de primes
Voiture de société
Mutuelle

ALERTE PIÈGE :
Ne pas oublier les différences entre les chiffres anglais et français, le point et la virgule s'inversent ; en français : 40 000 £ et 2,5 %., en anglais : 40,000 £ et 2.5 %.

EXPRESSION ET MOT CLÉ :
« CIRCA » s'utilise souvent à la place de « in the region of », « aux alentours de ».

Marketing and communication positions

Director of field marketing

*One of the fastest growing **consumer goods** companies in Europe is looking for a Director of Field Marketing in France.*

The Director for Field Marketing will:
Be responsible for increasing and building product awareness with consumers in his area.
Train and coach a team of 10.

Manage and oversee all company field marketing activities and programs including:
Regional and national events
Brand manager training programs
Coordinating Radio buys

Desired requirements:
4-year degree required
Minimum of 5 years experience with a proven track record in consumer marketing
Direct management experience needed
Experience in event marketing and media preferred
Extensive travel is required, up to 25%

Compensation package:
Base salary of $ 90,000 - $ 120,000 based on experience
Bonus opportunity
Company car
Full medical and dental

Les candidats intéressés peuvent envoyer leur CV en pièce jointe sous format word à xxx@xxx.com ou par fax au (111) 111-1111.
La référence suivante XXX XXXXX doit figurer en objet.

Chargé de relations publiques

Notre laboratoire est l'un des plus importants sites de recherche du pays, employant presque 5 000 personnes.
Nous proposons un poste dynamique à responsabilités à un professionnel des relations publiques.
Ses principales responsabilités consistent à dynamiser et à entretenir les relations avec la presse, à servir de porte-parole à de nombreux publics externes, à développer des supports de communication écrits et oraux, à créer une présence publicitaire sur Internet. En liaison avec le service marketing, contribuer à la mise au point de plans de communication stratégiques pour le développement des activités, suivre les relations avec les organismes publics et les spécialistes en protocole en apportant son appui aux visites des intervenants extérieurs.

Profil recherché :
Titulaire d'un MBA ou d'un diplôme supérieur en relations publiques, journalisme, communication, marketing ou tout domaine similaire, le(a) candidat (e) possède une expérience dans la communication externe dans un environnement média, entreprise ou agence, une bonne connaissance des supports médias et communication, une expérience réussie dans la gestion de projet ainsi que d'excellentes qualités relationnelles.

Qualified candidates submit a resume as a word attachment to xxx@xxx.com or fax a copy to (111) 111-1111. The reference code of XXX XXXXX must be included on the subject line.

EXPRESSION ET MOT CLÉ :
« consumer goods » = biens de consommation et « capital goods » = biens d'équipement.

ALERTE PIÈGE :
attention à l'orthographe de « program » en américain et « programme » en anglais, et de « coordination » en américain et « co-ordination » en anglais.

Public Relations Manager

Our laboratory is one of the country largest research facilities employing nearly 5,000 people.

A dynamic leadership position exists for a public relations profes-sional.

Primary responsibilities include fostering and maintaining media relations serving as a spokesperson to a variety of external audien-ces developing written and oral communication material and creating an e-publicity presence. Interface with the marketing department to assist in developing strategic communication plan for new business development, working with government relations and protocol specialists in supporting visits from various external stakeholders.

Desired requirements :

MBA or Master's Degree in public relations, journalism, commu-nications, marketing or similar field. External communications experience in a media, corporate or agency setting, knowledge of media and communication vehicles, successful project manage-ment experience with excellent interpersonal skills.

Vous faites preuve de capacité de leadership, vous savez guider votre équipe en vue d'optimiser les techniques de communication, vous savez prendre des initiatives, vous êtes énergique, et savez travailler avec des délais très courts.

Veuillez envoyer votre CV à : .... en précisant la référence 11111.

Commerciales et achats

● Chargé de clientèle

Si vous aspirez à trouver un environnement professionnel qui vous donne :
L'occasion de vous développer personnellement et professionnellement
L'occasion de rencontrer et de travailler avec des personnes
Nous sommes un des principaux fabricants de produits d'entretien de la maison et recherchons une personne très motivée pour s'occuper de notre clientèle. Nous vous apporterons une formation à la vente de nos produits d'entretien auprès de structures hôtelières, hôtels et pensions. De plus, vous serez en contact avec les distributeurs pour développer la distribution de notre principale gamme.

Nous vous proposons :
Un salaire de départ intéressant

Demonstrated leadership abilities to manage a team and improve communication techniques, self-motivated, energetic, and the ability to meet tight deadlines.

Please send résumé to:...........................and reference Ad number 11111.

ALERTE PIÈGE (Ne pas confondre) :
attention à l'utilisation de « facilities », faux ami qui signifie : installations, aménagements, équipements, mais ici établissement. « stakeholders » = personnes concernées, partie prenante, et « stockholders » = actionnaire en américain (« shareholders » en anglais).

Sales and purchasing positions

Account representative

If you are interested in working in a professional sales environment which provides:

Opportunities for personal and professional growth
Opportunities to meet and work with people
We are a leading manufacturer of home cleaning products and are looking for a highly motivated individual to work as an account representative. We will train you to sell cleaning products to hotels and boarding houses. Additionally you will work with distributors to expand distribution of our leading range.

We offer:
Attractive starting salary

Le remboursement des frais de voiture
Des congés payés
Nous donnerons la préférence à un candidat disposant d'une expérience réussie dans la vente, un excellent relationnel, qui a la goût du défi lié à la vente et à la résolution de problèmes.
Bonne capacité à travailler en toute autonomie avec peu d'encadrement, à prendre des initiatives et à bien gérer son temps.
Un véhicule personnel, un certificat d'assurance et un permis de conduire en cours de validité sont exigés.

Pour en savoir plus sur cette excellente opportunité adressez votre CV à : . . . .

Nous contacterons les candidats les mieux placés.

Acheteur

Notre société est spécialisée dans la fabrication d'équipements d'air conditionné et recherche un professionnel confirmé pour notre établissement de Paris.
Sous la direction du directeur des achats produits, l'acheteur sera chargé de la définition, de la sélection et de la négociation des sources d'approvisionnement des composants nécessaires à la fabrication de nos produits.

Profil recherché :
Un diplôme bac + 4 ainsi qu'une expérience dans le secteur des composants pour la climatisation, de fortes capacités de négociation et une expérience de l'achat global.
La pratique du chinois mandarin est souhaitée mais pas exigée.
Déplacements à prévoir jusqu'à 20 % du temps.

Car allowance
Paid vacation
Our preference is for an individual who has a track record of successful sales achievements, a good communicator who enjoys the challenge of selling and problem solving.
Ability to work autonomously with minimal management direction, to take initiative and manage time effectively.
A reliable car, proof of insurance and a valid driver's licence are a must.

To learn more about this rewarding opportunity, send your résumé to: . . . .

Qualified candidates will be contacted.

Purchasing agent

A leading manufacturer of air conditioners is seeking an experienced professional for its Paris facility. Under the direction of the manager of productive purchasing, the Purchasing Agent will define, select and negotiate sources of supply of components required to manufacture our products.

Desired requirements:
*A **4-year** Degree in Business and a motor and air conditioner component background with strong **negotiation** skills and global purchasing experience. Fluency in Mandarin Chinese is preferred, but not required. Travels up to 20%.*

Cette opportunité de carrière très intéressante vous offre :
Une rémunération et des avantages très attractifs.

Pour une réponse rapide, envoyez dès à présent votre CV accompagné de vos prétentions à : ....

Financières et juridiques

◉ Directeur financier

Nous sommes un groupe de consultants innovants, créatifs, tournés vers la formation, spécialisés dans l'assistance à la gestion des hommes, l'atout principal des entreprises.
Au sein de l'équipe de direction, le directeur financier contribuera à l'accompagnement des plans de développement de l'entreprise par le renforcement des fonctions financières et des technologies de l'information afin de répondre aux besoins de l'opérationnel. Son rôle pourra éventuellement s'étendre à la gestion des ressources humaines.

Il devra :

Gérer la fonction comptable générale, diriger la comptabilité, le recouvrement et la paie.
Préparer les budgets annuels, les prévisions et les plans de gestion stratégiques.
Concevoir les politiques de contrôle financier et de comptabilité, gérer les autorités d'approbation et diriger les audits.
Préparer les rapports financiers et de gestion en améliorant les systèmes de reporting bancaire.
Observer la conformité fiscale et préparer les rapports fiscaux.

This outstanding career opportunity offers an:
*Attractive **compensation** and benefits package.*

For immediate consideration, please forward your résumé inclu-
ding salary history to: ....

ALERTE PIÈGE :
attention à l'orthographe de « negotiation » en anglais.
« 4 Years » peut être utilisé comme adjectif, dans ce cas on
y ajoute un tiret et on enlève le « s » car il devient invariable.
« compensation » : ici, « rémunération ». Veut également dire
« dédommagement ».

Financial and legal positions

Finance manager

We are an innovative, creative and focused training consultancy
group helping businesses developing their most important asset :
people.
Working as a key member of the management team, the Finance
Manager will be instrumental in helping the company achieve its
growth plans through the development of robust finance and
information technology functions which support business needs.
*Potentially the scope of this role could also include **HR**.*

He will:
Manage the general accounting function, direct accounting,
credit collections and payroll.
Prepare annual budgets, forecasts and strategic business plans.
Create financial control/accounting policies, manage approval
authorities and direct audits.
Prepare financial and management reports, improving bank
reporting systems.
Maintain tax compliance and prepare all tax reports.

Planifier et orienter les besoins en personnel afin d'assurer une disponibilité permanente de personnel qualifié.

Technologies de l'information :
Prévoir, développer et mettre en œuvre les systèmes de support aux objectifs stratégiques du groupe.
Intégrer les nouvelles technologies et systèmes nécessaires à l'adaptation et au développement des besoins.

Le candidat recherché aura les qualités suivantes :
Un comptable confirmé avec une expérience du conseil ou du travail dans un environnement commercial.
Une expérience significative du reporting dans le domaine du contrôle financier et du contrôle de gestion.
Un intérêt ou une expérience dans les technologies de l'information et le développement de systèmes d'informations.
D'excellentes qualités relationnelles et de communication, ainsi que la capacité à intégrer avec succès le mode de fonctionnement de l'entreprise.
Salaire de base aux alentours de 50 000 £ plus des avantages comme un plan de retraite, une voiture et une mutuelle.
Envoyez votre candidature en toute confidentialité à . . . . . .

⚘ Assistant juridique en marque commerciale

Cabinet juridique recherche un(e) assistant(e) juridique en marque commerciale.

Les principales responsabilités pour ce poste sont les suivantes :
Rassembler, préparer et faire la synthèse des documents nécessaires aux avocats dans la préparation de dossiers ou autres dépôts.
Conserver les dossiers d'affaires, effectuer des recherches d'informations juridiques simples, répertorier et sélectionner les documents correspondants à des directives précises.

*Plan and direct human resource activities to ensure timely availability of qualified **personnel**.*

ALERTE PIÈGE :
Ne pas confondre « personnel » = le personnel
et « personal » = l'adjectif « personnel ».

I.T.

Plan, develop and implement systems that support corporate strategic objectives.
Introduce new technologies and systems to support changing business needs.

The successful candidate will have the following qualities:
A qualified accountant with experience of advising or working within a commercial environment.
Strong financial control and financial management reporting experience.
An interest or experience of IT and systems development.
Have strong interpersonal and communication skills and successfully be able to get across how the company operates.
Base salary in the region of £ 50,000 plus benefits that include a pension, car and private health.
To apply confidentially write to ....

EXPRESSION ET MOT CLÉ :
« H.R » abréviation pour « Human Resources », les ressources humaines.
« I.T. » abréviation pour « Information Technology ».

Trademark legal assistant

Law firm is seeking a Trademark Legal Assistant.

*Major **responsibilities** for this position will be to:*
*Gather, prepare and **summarise** materials for use by attorneys in preparation of briefs and other filings.*
Maintain case files, simple legal research, index, screen documents for relevance and privilege according to established guidelines.

Profil recherché :

Ce poste requiert un minimum de 2 ans d'expérience dans le domaine juridique lié aux marques commerciales, la maîtrise de MS Word, ainsi que des compétences dans la recherche d'informations et la correction d'épreuves.

Un diplôme niveau bac + 3 complété par un certificat de droit est souhaité.

En outre, le candidat sélectionné possédera d'excellentes capacités rédactionnelles, une bonne expression orale, ainsi que des qualités relationnelles et de communication.

Salaire de base proposé : entre 48 000 $ et 53 000 $.

Envoyez votre candidature à : . . . .

Réf. : 0011azert0011.

Logistiques et administratives

Responsable service client

Nous fabriquons une gamme complète d'appareils médicaux et de produits biomédicaux.

Grâce à une croissance à deux chiffres l'an dernier, nous cherchons à développer notre service client par le recrutement d'un responsable de service client talentueux.

Son rôle :

Mener, accompagner et soutenir l'équipe.

S'assurer de l'évaluation de la performance annuelle et de la mise en œuvre des plans de développement.

Renforcer et élargir les niveaux de compétences à l'intérieur du service en s'assurant de la réalisation des objectifs de service client décidés avec les différentes unités opérationnelles.

Apporter des solutions aux problèmes et des idées novatrices, améliorer les procédés existants en fonction des exigences des clients internes et externes.

Desired requirements:

To qualify for this position, you must have a minimum of two years of Trademark Paralegal experience, have proficiency in MS word, and have excellent research and proof-reading.
A Bachelor's Degree and a legal certificate are preferred.
Additionally, the leading candidate will have excellent written, oral and interpersonal communication skills.
Base salary $ 48,000 - $ 53,000.
To apply send your résumé to ....
Ad id : 0011azert0011.

ALERTE PIÈGE :
attention à l'orthographe de « responsibilities » en anglais.
Les verbes en « ZE » en américain, s'écrivent « SE » en anglais britannique par exemple « to summarize » et « to summarise ».

Positions in logistics and sales administration

Customer service manager

We are a manufacturer of a wide range of market leading medical devices and bioscience products. Enjoying double digit growth last year , we are now looking to improve our Customer Service Department by the recruitment of a talented Customer Services Manager.

His role:
To provide leadership, coaching and support to the team.
To ensure annual performance appraisal and development plans are implemented.
To enhance and broaden the skill levels within the department, ensuring that customer service objectives, as agreed with the business units, are achieved.
To provide solutions and novel ideas to problems and to improve existing processes, according to the requirements of external and internal customers.

Initier et participer à la mise en œuvre de nouveaux concepts et technologies dans le domaine de la chaîne logistique et de la gestion des commandes.

Son profil :
Une expérience minimum de 2 ans dans l'encadrement d'équipe ou à un poste de responsabilité dans le cadre d'un support client ou prestation de services.
Une bonne connaissance et/ou une expérience dans un environnement commercial ou marketing, logistique ou production, de préférence dans le secteur médical.
Spécialiste des procédés et avec le sens du détail, il aura déjà idéalement travaillé avec des grands comptes.
Salaires et avantages : 36 000 £ plus possibilité de primes, voiture et avantages.
Adressez votre CV à : . . . .

De direction

Directeur général

Nous sommes une entreprise internationale basée dans les Emirats Arabes Unis, avec différentes activités dans le secteur pétrolier et raffinage. Nous disposons de succursales à travers le Moyen-Orient, l'Asie Centrale et la région de la Mer Caspienne.
Grâce à notre réussite sur le marché, nous recherchons un directeur général confirmé afin de continuer notre développement dans la région du Golfe.
Le candidat sera en mesure d'initier l'ensemble de l'activité vente et marketing, d'explorer les principaux débouchés, de gérer et de motiver des équipes multinationales expérimentées, d'établir, de contrôler et de réaliser les budgets annuels.

To initiate and participate in the implementation of new concepts and technologies in supply chain and order-processing work streams.

The candidate must have:
A minimum of 2 years man-management or supervisory experience gained in a customer support or services.
A knowledge and/or experience of working within sales and marketing, logistics and manufacturing ideally from within medical organisations.
He will be highly process driven with an eye for detail and ideally have experience of working with key accounts.
Salary and benefits : £ 36,000 plus bonus opportunity, car and benefits.
Please send résumé to: . . . .

ALERTE PIÈGE (Ne pas confondre) :
« department » = un service ou une division et « service » = une prestation ou un service que l'on fournit par exemple à un client.

ALERTE PIÈGE (Faux ami) :
« to support » ne veut pas dire « supporter » mais « soutenir », apporter son aide.

Management positions
General manager

*We are an international company based in the UAE with diversified activities in oil and gas, having **branches** in the Middle East, Central Asia and Caspian region.*
Due to increased success in the market, we are now seeking an experienced General Manager to lead the business forward in the Gulf region.
The candidate should be able to initiate all sales and marketing activity, explore major business opportunities, manage and motivate an experienced multinational work force, set, monitor and achieve annual budgets.

Il sera également responsable de la gestion de l'agence et assurera l'interface avec le service financier afin de garantir une utilisation optimale des ressources.

Le candidat sera amené à voyager ponctuellement.

Le candidat sera dans la fourchette d'âge du groupe, entre 36 et 45 ans, ingénieur en mécanique qualifié et sera basé aux Émirats Arabes Unis. La préférence sera donnée à des candidats disposant d'une expérience dans le secteur maritime/offshore/pétrochimie au Moyen-Orient. Nous offrons une opportunité de carrière sûre et à long terme avec un excellent niveau de rémunération et de nombreux avantages.

Le contrat de travail sera renégocié après une période probatoire de six mois.

Les CV doivent être adressés à....................... ou par email............................

Directeur des opérations

Notre groupe est leader sur le marché mondial des tests de certification et des prestations de conseil pour les industriels de l'énergie.

Les responsabilités du directeur des opérations :
Fonction clé de direction et rôle de coordination entre les opérations sur le terrain et le siège social.
Gestion et contrôle de toutes les questions opérationnelles des différents sites, y compris les objectifs contractuels et commerciaux.
Planifier la logistique sur site et gérer les mouvements de personnel et les ressources au niveau mondial.

Votre profil :
Compétences éprouvées en gestion de projet à l'international.
Expertise dans le domaine de la gestion de contrat pour les industries électriques.

He should be also responsible for the administration of the office, and liaise closely with the Finance Department for optimum utilisation of resources. The candidate should be willing to travel.

The candidate should be between the age group of 36-45, a qualified Mechanical Engineer and be based in the UAE. Preference will be given to candidates with Marine/Offshore/Petrochemical experience in the Middle East. In return we offer a sound long-term career opportunity with an excellent salary and benefits.

Contract will be revised upon successful completion of six months in business.

CVs should be forwarded to .... or email.............................

ALERTE PIÈGE (Ne pas confondre) :
« branch » = une succursale (également « office » ou « agency ») et
« subsidiary » = une filiale (également « affiliate »).

Field operations manager

Our group is a global market leader in acceptance testing and consultancy services to the power industry.

The Field Operations Manager's responsibilities:
Pivotal leadership and co-ordination role between field ops and HQ.
Manage and monitor all site operational issues, including contractual and commercial objectives.
Plan on-site logistics and ordinate movement of personnel and assets worldwide.

Your profile:
Well-developed skills in international project management.
Expert knowledge of contract management in the power industry.

Expérience réussie dans la gestion des hommes et la motivation dans différents contextes opérationnels et culturels.
Le poste est placé sous la responsabilité du directeur général.
Ce poste implique des déplacements fréquents et demande à son titulaire d'être habitué à travailler souvent à l'étranger dans le cadre de missions internationales.
Notre organisation étant en plein développement, elle propose d'excellentes perspectives d'évolution de carrière à des professionnels ambitieux.
Rémunération autour de 40 K £.
En complément de la rémunération négociable que nous proposons, nous offrons de nombreux avantages à nos collaborateurs.

Vous exploitez les dossiers reçus

Comment bien comprendre un CV ?

La difficulté pour comprendre un CV étranger rédigé en anglais provient aussi bien du vocabulaire lui-même que des différences de fond qui existent entre les systèmes éducatifs et les référentiels de fonctions. La dimension culturelle n'est pas non plus absente, en particulier dans la manière de présenter son parcours. Enfin, des écarts importantes différencient les CV britanniques des CV américains, par exemple.

Tentons tout d'abord de dresser un tableau comparatif des systèmes de formation entre la France d'une part et la Grande Bretagne et les États-Unis d'autre part.

Proven track record in people management and motivation in different operating environments and cultures.
Report to the General Manager.
This appointment involves extensive international travels and the candidate should ideally be familiar with working away from home frequently on overseas assignments.
As a growing and progressive organisation, excellent career development prospects are available to ambitious individuals.
Salary circa £ 40 K.
*In addition to the negotiable salary, we provide a **comprehensive** range of employee benefits.*

ALERTE PIÈGE :
attention aux abréviations utilisées dans les petites annonces, « ops » = operations et HQ = Headquarters.
« comprehensive » est un faux ami qui se traduit par « complet » ou « exhaustif », « compréhensif » se traduit par « understanding ».

Making the most of applications received

How to understand CVs?

The difficulty in reading a résumé in English lies not only in the vocabulary itself but also in the differences between educational systems and job descriptions. There are cultural differences as well, particularly in the lay-out of professional experience. Finally, there are differences between British and American **CVs**.

First, let us try to draw up a comparative table of French, English and American educational systems.

EXPRESSION ET MOT CLÉ :
« CV » est utilisé en anglais britannique et « résumé » en anglais américain.

Niveau d'étude	Diplôme
Bac + 6/7	Doctorat de 3ᵉ cycle
Bac + 5/6	Grande école
Bac + 5	DEA / DESS
Bac + 4	Maîtrise / École de commerce
Bac + 3	Licence
Bac + 2	DEUG DUT BTS PRÉPAS
Terminale	Baccalauréat
Première	
Seconde	
Troisième	BEPC - BEP

Une fois à peu près réglée la question de la compréhension des diplômes des candidats, il vous faudra valider l'adéquation du profil sur la base de votre analyse du CV. Essayez de vous habituer à des présentations et des contenus assez différents selon que votre candidat est américain ou anglais.

Gardez à l'esprit que les CV anglo-saxons peuvent paraître plus « académiques » car les parcours de formation se font majoritairement à l'université, les étudiants se spécialisant sur le terrain.

Ne soyez pas non plus étonné(e) d'un début de carrière fulgurant avec des responsabilités élevées, les jeunes ont plus facilement leur chance dans le système professionnel anglo-saxon.

Education level	English diploma	American diploma
6/7-year Degree	Ph.D. / Doctorate	Ph.D. / Doctorate
5/6-year Degree	MBA / M.Sc. Postgraduate Degree	MBA / M.Sc. Postgraduate Degree
5-year Degree	Master's Degree	Master's Degree
4-year Degree	Postgraduate Degree	Bachelor's Degree
3-year Degree	Bachelor's Degree B.A. / BSc	
2-year Degree	Professional Qualification Undergraduate Degree	Associate's Degree 2-year Institutions Undergraduate Degree
Sixth form	Advanced Level (A.L)	High School Diploma
Fifth form		
Fourth form		
Third form	Ordinary Level (O.L)	

After making sure that you understand the candidate's diplomas, you will have to analyse his CV. Try to get used to different lay-outs and contents, especially between American and English résumés.

Keep in mind that English-speaking CVs look more "academic" as students are basically educated in Universities, then they specialise in the field.

Do not be surprised either by brilliant career developments, as young people can have responsibilities sooner than in our professional systems.

Finally, if you think that the candidate has changed jobs very often, keep in mind that in the English-speaking systems the staff turnover is quicker as people relocate easily and the legal bounds are lighter.

Enfin, si le parcours d'un candidat vous semble « en pointillé » avec de nombreux changements de postes, n'oubliez pas que dans les pays anglo-saxons, la mobilité est plus développée et la relation contractuelle plus légère, générant une rotation rapide selon les conjonctures du marché.

Le CV anglais

Il reste, comparé au CV français, assez « traditionnel ». En effet, il n'est pas rare qu'il soit sur deux pages, voire plus parfois ! N'en soyez pas agacé, d'autant que les informations sont bien réparties suivant les pages et n'en faites pas le reproche au candidat, il en serait vexé.

Cependant la tendance est au CV plus court, s'alignant sur le modèle dominant.

D'autre part, la présentation est assez immuable également, en général la rubrique « formation » apparaît en début de CV et la rubrique « expérience » est organisée chronologiquement et non pas de façon thématique.

De plus, le CV anglais n'est pas aussi « vendeur » que d'autres CV européens et semble plus académique. Il n'est pas rare d'y trouver des phrases complètes, alourdissant le style de l'ensemble. N'en déduisez pas pour autant que votre interlocuteur manque d'originalité !

En revanche, l'intérêt du CV britannique réside dans le fait qu'il fournit des informations précises, par exemple l'âge, la nationalité, la situation de famille.

La rubrique « expérience » comprend en général aussi bien les « vrais » postes que les stages en entreprise. Une rubrique particulière présente les modules de formation continue suivis en entreprise.

The English CV

CURRICULUM VITAE

Personal Details
Name:
Home address:
Date of birth:
Marital status:

Professional objective : **International Account Manager**

EDUCATION

Qualifications:
1983: CGE 'A' level
1986: BSc. Computer Science

WORK EXPERIENCE

1987 – 1990: Sales Engineer
1991 – 1997: Senior Sales Engineer
1997   : 6-month work placement in project management
1998 – 2001: Key account Manager

Vocational training:
1988: Sales development and negotiation
1997: Project Management
2000: International Trade

Other skills : Working knowledge of French

MISCELLANEOUS

Computer skills:
Hobbies:

References:

ALERTE PIÈGE (Ne pas confondre) :
« account manager » = *chargé de clientèle et « accounting*
manager » = *responsable comptable.*
« qualifications » se traduit par « diplômes » s'ils sont obtenus.

Les informations concernant les connaissances en informatique et les « hobbies » sont regroupées sous une même rubrique intitulée « Divers ».

Enfin, le candidat britannique vous fournira spontanément des références, parfois celle d'un professeur d'université et d'employeurs s'il en a déjà eu. Si ce n'est pas le cas, sachez que les Anglo-Saxons en général ne sont pas choqués qu'on leur demande des références professionnelles.

D'une façon générale, on peut dire que le CV britannique semblera à un recruteur français moins personnalisé et moins « communiquant » que son homologue européen, ou américain.

Le CV américain

Il s'avère globalement beaucoup plus proche des standards français.

Il est souvent sur une page, et utilise une formulation plus directe et moins académique que son homologue britannique. Il reste très centré sur les résultats en terme de rentabilité, avec des chiffres et des indications de performance.

La législation américaine interdit sur le CV toutes les informations susceptibles d'être utilisées à des fins discriminatoires (race, origine, sexe, âge, confession etc.). Ne soyez donc pas étonné de ne trouver que le prénom, le nom, l'adresse et le numéro de téléphone.

Sous la rubrique « expérience » on ne trouve que les véritables postes, et non les stages en entreprise. L'accent est mis sur les responsabilités et les réalisations.

Le CV américain contient une rubrique particulière qui concerne la vie sociale et l'intégration par la participation à des activités associatives, caritatives, locales etc.

The American résumé

Name/Full address

Career Planning: Seeking a challenging position of International Account Manager in the field of Information Technology

EDUCATION

6/1986   BSc. Computer Science

Training:
5/88   Sales development and negotiation
3/97   Project Management
10/00   International Trade

PROFESSIONAL EXPERIENCE

2/87 – 12/90 : Sales Engineer
1/91 – 8/98 : Senior Sales Engineer
9/98 – 11/01 : Key account Manager

COMMUNITY INVOLVEMENT

Member of the "Association for the Development of Computer Science".

SPECIAL SKILLS

Fluent in French
Computer skills :   Intranet, SAP, IT implementation
1997   :   6-month **internship** in project management

INTERESTS AND ACTIVITIES

References available on request

ALERTE PIÈGE (Ne pas confondre) :
« internship » = stage d'application en américain et « work placement » ou « training period » = stage d'application en anglais

Les langues et les connaissances en informatique figurent souvent sous la même rubrique « connaissances particulières » et le candidat les illustre et les complète par les séjours, stages à l'étranger et formations en bureautique.

Enfin le CV américain se termine souvent par une rubrique sur les « centres d'intérêt » dans laquelle le candidat tente de mettre en valeur son dynamisme, et tout ce qui peut aller dans le sens de sa candidature.

À la différence du CV anglais, les références ne sont pas obligatoires, on peut se contenter de la formule « références professionnelles disponibles sur demande ».

Quelques exemples de titres de rubriques :

Français	Anglais
Objectifs	Objective/Career planning
Formation	Education/Academic record
Diplômes	Diplomas/Qualifications
Formation professionnelle	Professional training/vocational training
Stages pratiques	Work placement (GB)/Internship (US)
Expérience professionnelle	Work experience/Job history
Parcours professionnel	Professional background
Connaissances en informatique	Computer skills
Langues étrangères	Foreign languages
Séjours à l'étranger	Stays abroad
Mémoires / thèses	Dissertations / thesis
Emplois saisonniers	Seasonal employment
Missions d'intérim	Temporary work / temping
Références	Referees
Connaissances particulières	Special skills
Centres d'intérêt	Personal interests

Comment déchiffrer une lettre de candidature ?

D'une manière générale, dans le cadre de la correspondance commerciale, par exemple, le style des lettres en anglais est toujours beaucoup plus direct et la lettre parfois assez courte. Ne vous formalisez donc pas à ce sujet, d'autant que cela peut vous permettre de gagner du temps ! D'autre part, les lettres de candidatures sont toujours tapées sur traitement de textes ce qui ne dénote pas un manque de respect ou de motivation mais constitue une habitude dans les pays anglo-saxons.

La réponse à la petite annonce

Pour le reste vous retrouverez dans la réponse à l'annonce le même type de déroulement qu'en français :

- Un objet, dans lequel le candidat précise les références de la petite annonce.
- Une formule de présentation : les Anglo-Saxons ont tendance à vous appeler par votre nom même lorsqu'ils ne vous ont jamais rencontré. Ce n'est pas de la familiarité, cette formule reste empreinte de respect et est parfaitement adaptée au contexte de la lettre de candidature.
- Une introduction qui fait référence au poste présenté dans la petite annonce.
- Une ou deux phrases d'argumentaire sur la pertinence de la candidature par rapport aux exigences du poste proposé.
- Une phrase de conclusion qui ne demande pas explicitement un entretien comme dans une lettre de candidature en français.
- Une formule de politesse beaucoup plus simple et courte que son équivalent en français !
- Une signature, la référence au CV joint.

The reply to a classified ad

SENDER

CONSIGNEE

Date

Subject : Your advert published in « Le Figaro »
dated February 14th, 2002

For the attention of Mr.

Dear sir,

I read with interest the above mentioned advert concerning a position of
................, as the job offered matches my present professional objective.

After graduating from University in International Business Law, I started
working as a legal adviser.

I had the opportunity, through a diversified experience of 8 years in a
legal firm, to develop operational skills in the field of industrial property,
product registration and trademarks at a worldwide level.

As mentioned in my résumé, I am fluent in French and Spanish and a MS
pack office user.

I believe I am very well suited for the advertised position.

I will be calling you in a week's time to give you further information about
my background and to examine mutual prospects.

Sincerely,

Signature
Encl : résumé

ALERTE PIÈGE :
*ne pas utiliser « dated of » mais « dated » = « daté du » ou
bien « of » = du 14 février...*
*« sincerely » cette formule de politesse est suffisante en anglais
et remplace notre « veuillez agréer... ».*

Vous répondez aux candidatures par courrier

Lorsque l'on a passé une petite annonce en anglais et que l'on a traité les candidatures, il semble en effet logique de répondre aux candidats dans la même langue.

Soignez vos réponses car elles véhiculent l'image de votre entreprise ainsi que la vôtre.

La réponse négative

Celle-ci est particulièrement délicate car il faut éviter de donner l'impression que l'on a peu de considération pour la candidature et donc pour la personne concernée. L'idéal est de pouvoir donner l'impression que la réponse est personnalisée et non pas « standard ».

Par exemple :

« Nous avons étudié votre candidature avec beaucoup d'attention et vous remercions de l'intérêt que vous portez à notre groupe.

Cependant, il ne nous est pas possible d'y donner une suite favorable car nous avons dû présélectionner des candidats répondant à l'ensemble des critères recherchés, en particulier sur le plan

. . . .

« . . . .du nombre d'années d'expérience ».

« . . . .de la pratique des langues étrangères ».

« . . . .de la connaissance de notre secteur d'activité ».

Etc.

« Cependant nous conservons votre dossier dans la perspective d'un futur besoin répondant plus précisément à vos compétences.

Nous vous souhaitons bonne chance dans vos recherches et vous prions d'agréer, M. . . . ., l'assurance de nos sincères salutations ».

Replying to application letters

If you have published your ads in English and processed the applications received, it seems logical to write your replies in English too.

Try to convey a professional image of yourself and your company by the quality of your letters.

You answer negatively

This letter is very delicate. It should not highlight the fact that the application, and therefore the applicant, is not interesting. Avoid sending a "formula" letter, rather try to personalise it.

You can write, for example :

"Thank you very much for your application which has been carefully studied.

We regret to say that candidates with more suitable qualifications have come forward, especially regarding........

"....their professional background".

"....their fluency in foreign languages".

"....their knowledge of our field of activity".

Etc.

"However, we will keep your CV in our files, if an other job opportunity meeting your skills becomes available in our group in the future.

We trust you will soon find a position complying with your ambitions.

Sincerely,".

L'accusé de réception

L'afflux de candidatures vous oblige parfois à accuser simplement réception des candidatures afin de pouvoir les étudier de plus près et de décider d'éventuels entretiens.

Dans ce cas, soyez précis et indiquez la marche à suivre par le candidat ou la suite à attendre de votre part :

> *« Nous accusons réception de votre candidature, en réponse à notre annonce citée en objet.*
> *« Compte tenu du nombre important de dossiers à traiter, nous ne sommes pas en mesure de vous donner une réponse immédiate.*
> *En l'absence de relance de notre part dans les 15 jours, vous pourrez considérer notre réponse comme définitivement négative ».*

Ou bien :

> *« Nous reprendrons contact avec vous dans un délai de 15 jours pour convenir d'un éventuel entretien ».*

La convocation à un entretien

Dans ce domaine, deux alternatives sont possibles :

Proposer d'emblée une date et un horaire (ce qui conduit le plus souvent à une modification, car il est rare que le candidat soit disponible juste à ce moment-là).

Ou bien demander au candidat de vous appeler afin de le fixer ensemble (mais faites en sorte d'être facile à joindre).

> *« Veuillez prendre contact par téléphone avec Mme Durand du service recrutement au 01 01 01 01 01 01 afin de convenir d'une date de rendez-vous ».*

You acknowledge receipt

Owing to the number of applications received, you sometimes have to acknowledge receipt before studying them more closely and decide on possible interviews.

If that's the case, precisely explain in your letter the way the application will be processed and what will follow.

"We acknowledge receipt of your application, in reply to the above-mentioned advert".
"Due to the significant number of replies to process, we are not in a position to give you an immediate answer".
"Failing receipt of a follow-up letter within 15 days, our reply will be regarded as negative".

Or:

"We will get in touch with you within 15 days to arrange a possible interview".

You offer an interview

Two alternatives are available:

To suggest an appointment right away, which will probably mean juggling with dates since the applicant is rarely available the day and time you first suggest.

Or, to ask the candidate to call you in order to agree on a date together (and make sure you can be reached easily).

"Please contact Mrs Durand of the recruitment department at 01 01 01 01 01 01 to fix a date for an interview".

Vous pouvez en profiter pour préciser au candidat les documents qu'il devra apporter lors de l'entretien :

« *Pourriez-vous vous munir à cette occasion des documents suivants :*

Une photo d'identité, les photocopies de vos certificats de travail et diplômes. »

« *Dans l'attente de notre prochaine rencontre, je vous prie d'agréer, M........., l'expression de nos sincères salutations.* »

Enfin, vous pouvez joindre à votre courrier de convocation un plan d'accès et, pourquoi pas, une plaquette de présentation de votre entreprise.

You can take this opportunity to specify any documents to be brought along to the interview:

"Please bring the following documents with you:

an identity photo, the photocopy of your employer's references and diplomas".

"Looking forward to our meeting,
Sincerely".

Finally, you can enclose with your letter a map and possibly a booklet of your company.

MENEZ VOS ENTRETIENS DE RECRUTEMENT

Vous accueillez le candidat

L'heure du rendez-vous a sonné.

Vous avez pris soin de préparer votre dossier, de relire le CV et de vous remémorer le vocabulaire nécessaire, voire de prévoir quelques questions clés sur des précisions à obtenir ou sur des points que vous voulez absolument approfondir avec le candidat.

Les présentations

Les étrangers qui travaillent dans des entreprises en France, et en particulier les Anglo-Saxons, sont très sensibles à la qualité de l'accueil qui leur est réservé. C'est d'ailleurs souvent la première impression qui restera ! Dans ces conditions, autant donner d'emblée une impression agréable et sympathique, sans oublier que leur contact professionnel est beaucoup moins « guindé » et beaucoup plus direct et détendu que le nôtre (cela s'applique particulièrement aux rapports hiérarchiques).

Les mots de bienvenue

Lorsque vous allez chercher la personne à l'accueil ou lorsqu'elle est introduite dans votre bureau, levez-vous, tendez la main et dites en souriant :

> *« Bonjour M. Jones, enchanté (ou ravi) de vous rencontrer. »*

Welcoming the applicant

It's time for the interview!

Carefully prepare your file, read the CV again, keep the necessary words in mind, foresee some key questions on the particulars you require, or the topics you are planning to study in depth with the candidate.

Introductions

All foreign people working in French companies, especially English speakers, are very sensitive to the way they are greeted. Very often, the first impression will still prevail! Under these circumstances, to create a pleasant first impression, be aware that their professional contact is far less stiff and much more straightforward and relaxed than ours (particularly regarding hierarchical relationships).

Words of Greeting

While fetching your candidate at the reception desk or when he steps into your office, stand up, hold out your hand and say, with a smile on your face:

"Good morning Mr. Jones, pleased to meet you."

ALERTE PIÈGE :
c'est la façon la plus moderne de se présenter aujourd'hui, on peut également dire « Nice to meet you » ou « How do you do » (plus classique, mais jamais « How are you » qui veut dire « comment allez-vous »).

Il sera sensible au fait que vous vous souvenez de son nom et cela vous permettra de personnaliser immédiatement le contact.

Vous pourrez ajouter une phrase de circonstance, selon le cas :

« J'espère que vous avez fait bon voyage. »
« Donnez-moi votre manteau. »
« Le plan que je vous ai faxé vous a-t-il permis de trouver facilement notre adresse ? »
« Avez-vous trouvé une place de parking ? »
« Vous êtes-vous garé dans notre parking visiteur ? »
« Désirez-vous une boisson ? »

(Et surtout ne partez pas du principe que la terre entière boit du café !)

Vous vous présentez en quelques mots

Après avoir fait asseoir votre visiteur confortablement, vous lui tendez votre carte de visite (si possible du côté anglais puisqu'elle est dans les deux langues) en ajoutant quelques mots sur vos responsabilités :

« Je suis responsable du recrutement des cadres au niveau du groupe. »
« Je m'occupe de l'intégration et de la gestion des carrières pour la filiale française. »
« Je travaille au sein de la direction des ressources humaines depuis 5 ans. »

He will appreciate the fact that you remember his name and this will allow you to personalise the contact immediately.

You can add, according to the situation:

"I hope you had a pleasant trip"
"Give me your coat, please"
"Was the map I sent you of any help to find our premises?"
"Were you able to park your car?"
"Did you park your car on our company parking?"
"Would you like something to drink?"

(In France most people think that everybody drinks coffee!)

ALERTE PIÈGE (faux ami) :
« premises » = des locaux.

Introducing yourself in an few words

Make your visitor feel comfortable in his chair, hand him your business card (possibly on the English side) and add a few words about your main responsibilities.

"I am in charge of recruitment for managing positions at a corporate level."
"I supervise integration and career management for our French subsidiary."
"I have been working for the Human Resources Division for 5 years."

ALERTE PIÈGE :
attention au sens du present perfect progressif qui exprime une action passée qui se poursuit encore et se traduit par un présent.

Lors du premier entretien, vous reprenez l'origine du contact :

> « *Vous avez répondu à notre annonce il y a deux semaines.* »
> « *Votre candidature nous a été transmise par notre maison mère à Londres.* »
> « *Vous nous avez contactés à la suite d'un stage dans notre usine au Canada.* »
> « *Vous nous avez envoyé une candidature à la suite de votre visite sur notre stand à la foire d'Hanovre.* »
> « *M. Kent qui dirige notre agence de Southampton vous a conseillé de nous envoyer votre candidature.* »

Ainsi, votre interlocuteur pourra expliciter les circonstances du contact et éventuellement préciser pourquoi son choix s'est porté sur votre entreprise en particulier.

En effet, votre candidat appréciera de savoir comment l'entretien va se dérouler, en particulier parce qu'il est dans un environnement culturel qu'il ne maîtrise pas et qu'il aura plus de difficultés à « prendre ses marques ».

> « *Nous allons évoquer ensemble votre parcours professionnel grâce au CV que vous m'avez adressé.* »
> « *Je vais vous demander de me présenter brièvement votre expérience, puis vous me parlerez de vos séjours à l'étranger.* »
> « *Vous allez tout d'abord me parler de vos études, puis nous envisagerons vos différentes expériences.* »

At the beginning of the first interview, sum up the origin of
the contact :

"So, you replied to our job ad two weeks ago."
*"Our parent company in London has **forwarded** your application
to us."*
*"You have contacted us after an internship in our **works** in
Canada."*
*"Following your visit to our stand during the Hanover fair, you
sent us your application."*
*"Mr. Kent who manages our branch in Southampton advised you
to send us your application."*

ALERTE PIÈGE :
ne pas confondre « to forward » : envoyer
et « to forward to » : transmettre.

Thus, the candidate will have the opportunity to start talking
about why he has selected your company in particular.

ALERTE PIÈGE :
dans ce contexte « works » ne veut pas dire « travaux » mais
usine.

The candidate will appreciate knowing how the interview is
going to be conducted, especially as he is in a foreign cultural environment which he does not know in depth, thus
making it more difficult for him to "find his bearings".

*"Thanks to the résumé you have sent us, we are going to start with
your professional background."*
*"I will ask you to introduce your work history briefly, then we will
talk about your stays abroad."*
*"First, tell me about your academic record, then we will consider
your experience."*

Vous lui présentez la société

Le groupe

En général, vous commencez par présenter le groupe dans lequel est située votre entreprise.

Son activité

Même si votre candidat a déjà une idée de votre secteur d'activité, n'hésitez pas à lui donner des précisions sur l'ensemble de vos produits et services et sur vos atouts technologiques, cela rendra votre image plus attractive et plus rassurante (une diversification réussie, par exemple).

> « Nous couvrons l'ensemble de la chaîne logistique, depuis l'emballage et l'entreposage jusqu'à la livraison à l'étranger, en passant par le transit et le dédouanement ».
>
> « Nous intervenons dès la conception du matériel et nous en assurons également la commercialisation par le biais de notre propre réseau de distribution ».

Son historique

Retracez succinctement l'histoire de votre groupe, les principales étapes de son développement, ses changements de stratégie, ses succès, ses ambitions.

> « À l'origine société familiale, notre entreprise s'est développée par croissance externe d'abord en France puis à l'étranger. »
>
> « Après avoir fusionné avec la société ABC en 1990, le groupe, rebaptisé "New ABC", s'est diversifié dans le secteur de la connectique et a développé une stratégie de partenariat industriel par le biais de contrats de licence notamment. »

Introducing your company

The group

Generally, start by introducing the group to which your company belongs.

Its field of activity

Even though the applicant already has an idea about your field, feel free to give him details about all your products and services and your technological assets, in order to make your company more attractive and reassuring (a successful diversification, for instance).

> *"We are specialised in supply chain management, our activities range from packing and warehousing, to deliveries overseas, through transit and Customs clearance."*

ALERTE PIÈGE :
attention au sens de « Customs » avec un C majuscule, ce sont les autorités douanières britanniques (Her Majesty's Customs and Excise).

> *"We design and make this equipment, but we also market it through our own distribution network."*

Its historical background

Summarise the history of your group, the main stages of its development, the changes in its strategy, its current ambition.

> *"Starting as a family firm, our company has expanded through integrative growth, first in France and then abroad."*
> *"After a merger with ABC company in 1990, our group, named "New ABC", has diversified its activities in the field of connectors and has developed a strategy of industrial partnership partly through licensing agreements."*

« En 1999, nous avons décidé d'externaliser la fabrication afin de nous concentrer sur la recherche et développement. »
« Nous nous sommes également impliqués dans des "Joint Ventures" sur des marchés difficilement accessibles. »
« Nous connaissons une croissance à deux chiffres depuis 6 ans, en particulier sur les zones Europe et Asie. »
« Notre effectif est de l'ordre de 20 000 personnes dans le monde, réparties sur plus de 50 implantations. »
« Aujourd'hui, nous envisageons de poursuivre notre développement international, en particulier par l'implantation de filiales de distribution et de montage. »

Sa structure

Vous préciserez cette information dans la mesure où le candidat a besoin de connaître l'environnement d'entreprise qu'il va peut-être intégrer, de savoir comment l'activité est organisée ainsi que les possibilités éventuelles de mobilité. L'idéal restant, bien entendu, de remettre au candidat une plaquette de présentation de la société en anglais.

« Notre siège social est situé en Hollande, berceau de la société. »
« Notre siège européen est à Düsseldorf, mais nous disposons d'autres structures de décision aux États-Unis et en Asie. »
« Notre maison mère, la société "ABC Corporate" est basée à Londres et coordonne l'ensemble de nos filiales en Europe. »
« Nous disposons d'un réseau de revendeurs en Europe de l'Est mais ce sont nos succursales qui assurent le développement commercial en Europe du Sud. »
« Toutes les filiales du groupe sont sous la responsabilité de l'état major américain. »
« Nos usines sont situées en Europe du Sud, Italie, Espagne et Portugal ainsi qu'en Tunisie. »
« Nous disposons également d'un réseau de points de vente de détail en propre et en franchise. »

"In 1999, we have decided to outsource our manufacturing in order to focus on Research and Development."
"We have also been involved in "Joint Ventures" where the markets were difficult to reach."
"We have achieved double-digit growth for 6 years, especially in Europe and Asia."
"Our workforce is about 20,000 worldwide, in more than 50 establishments."
"We are planning to continue our international development, particularly by setting up subsidiary companies for assembly and distribution."

The company structure

It is interesting to specify this as the applicant needs to know the environment of the firm he might join, how its activity is organised as well as possible opportunities for relocation. Of course, there is no better way than to give a corporate brochure about the group in English.

"Our head-office is based in Netherlands, where the company was created."
"Our European Headquarters is located in Düsseldorf, but there are other decision-making offices in the United-States and Asia."
"Our parent company, « ABC Corporate » is based in London and co-ordinates all our subsidiaries in Europe."
"We have a retail network in Eastern Europe, whereas our sales development in Southern Europe is conducted by our branches."
"All the subsidiaries are under control of the American Headquarters."
"Our production facilities are located in Southern Europe, Italy, Spain, Portugal as well as in Tunisia."
"We also have a retail network both owned and in franchise."

« Nous avons mis en place un réseau d'agents exclusifs au Moyen-Orient mais nous faisons de la vente directe en Afrique noire anglophone. »

« Notre direction marketing groupe est à Genève et élabore la stratégie au niveau mondial. »

« C'est la direction des opérations qui supervise les projets au sein des différentes unités opérationnelles. »

« Chaque implantation dispose de son propre service commercial, en revanche l'informatique est centralisée au niveau du siège. »

Sa stratégie

Un candidat aime savoir « où il met les pieds » c'est-à-dire quelles sont les perspectives de sa future entreprise afin de pouvoir analyser quelle pourrait être son évolution et sa marge de progression.

« À court terme nous souhaitons consolider nos parts de marché en Europe, mais à moyen terme il nous faut poursuivre notre développement au-delà des frontières de l'Union européenne. »

« Nous menons des campagnes de recrutement de jeunes diplômés afin de préparer notre prochaine croissance internationale. »

« Nous recherchons aujourd'hui les futurs responsables de nos implantations à l'étranger. »

« Nous envisageons de mener une stratégie d'alliance en Europe afin de garantir notre développement. »

« Nous mettons en place un service commercial export qui sera chargé, dans un premier temps, de développer nos ventes en Europe centrale. »

« Nous venons de racheter notre distributeur en Grande-Bretagne afin de mieux maîtriser la commercialisation de nos marques. »

"We have set up a network of exclusive agents in the Middle-East, but we sell directly to French-speaking African countries."
"Our corporate Marketing division is in Geneva, and is in charge of designing our worldwide strategy."
"Our Field Operation Division is in charge of supervising projects in our different business units."
*"Each establishment has its own sales department, but computer management is centralised at our **head-office**."*

ALERTE PIÈGE :
attention à ne pas confondre « head-office » (ou headquarters) le siège social et « parent company » la maison mère.

The company strategy

A candidate wants to know what he is getting into i.e. what are the prospects of his future employer.

"In the short run, we are planning to strengthen our market share in Europe, but we will have to resume our development beyond the boundaries of the European Union afterwards."
"We are recruiting young graduates to prepare for our future international growth."
*"We are **currently** seeking the future heads of our overseas establishments."*

ALERTE PIÈGE :
attention au sens de « currently » qui veut dire actuellement et « actually » qui veut dire réellement/en fait.

"We are considering a strategy of alliance in Europe so as to protect our development."
"We are setting up an export sales department first of all to develop our sales in Central Europe."
*"We have just **taken over** our distributor in Great Britain to have better control of the marketing of our brands."*

« La zone Moyen-Orient va être scindée en deux afin de mieux couvrir les besoins de nos clients. »

Ainsi votre candidat aura une vision plus précise de votre « typologie » d'entreprise et saura si ce type de contexte peut lui convenir. D'ailleurs, vous pourrez peut-être détecter certaines réactions chez lui, comme un froncement de sourcil, une légère grimace ou au contraire un large sourire, qui vous permettront de deviner ses préférences.

Le site concerné

Après avoir brossé un tableau général de votre groupe, vous allez entrer un peu plus dans le détail et apporter des précisions sur le site où le candidat pourrait être appelé à travailler.

Ses produits ou services

En effet, c'est en général le premier sujet abordé, qu'il soit ou non fondamental pour le poste. Pour un poste technique ou marketing vous apporterez plus de précisions, voire une documentation produit détaillée. Pour un poste commercial ou de gestion, c'est la dimension spécifique du produit par rapport à la fonction que vous essaierez de souligner.

« Nous sommes dans le secteur du matériel de forage pétrolier depuis 20 ans. »
« Notre filiale française a développé une technologie de pointe dans le domaine de la monétique. »
« Notre site de Lyon est spécialisé dans la fabrication et la commercialisation de pièces détachées pour l'automobile. »
« Nous sommes équipementiers dans le domaine des réseaux téléphoniques de 3ᵉ génération. »
« Nous avons diversifié la production de cette usine il y a 5 ans, dans les périphériques informatiques. »

ALERTE PIÈGE :
phrasal verb « to take over » = racheter, prendre le contrôle d'une
entreprise, ne pas confondre avec « to merge » = fusionner.

*"The Middle-East area is going to be split up in two parts in order
to meet our customer's requirements even better."*

This will give your applicant an impression of the kind of company environment you offer and whether it suits him. Then, you might even detect certain reactions, like a wrinkling of the eyebrow, a slight grimace, or, on the contrary a wide smile which will help you to guess what are your candidate's preferences.

The job location

After making a general introduction of your group, provide details about the location where the applicant might be working.

Products or services

This is generally the first subject to be discussed, whether important to the job or not. For a technical or marketing position bring more particulars, even full literature on the product. For a sales or management job, just stress the link between the product and the job requirements.

"We have been in the field of oil drilling equipment for 20 years."
"Our French subsidiary has developed leading edge technology in the field of e-money."
"Our Lyons facility specialises in the production and sale of automotive spare-parts."
"We are a part manufacturer in the sector of 3rd generation telephone networks."
"5 years ago, we diversified the production of this plant to computer peripherals."

77

Sa structure interne

Un candidat a besoin de savoir « qui fait quoi ? » dans l'entreprise qu'il espère intégrer, cela l'aidera à mieux se positionner le moment venu, même si vous avez l'intention d'entrer dans le détail au moment de l'intégration.

Vous donnerez d'abord un aperçu de la taille :

> *« Notre site compte 470 personnes, dont 350 à la production.»*
> *« Nos effectifs comptent 20 % de cadres et d'ingénieurs. »*
> *« Nous gérons plus de 3 000 personnes expatriées à l'étranger au sein de nos chantiers de construction. »*

Puis vous présenterez rapidement l'organigramme :

> *« Notre direction générale compte 20 personnes, dont 15 directeurs de divisions. »*
> *« Notre P.D.G. est M. . . . . , c'est lui qui a créé la société il y a 10 ans. »*
> *« Nos activités sont structurées par zone d'exportation avec un responsable de zone et une force de vente sur le terrain. »*
> *« Nos activités sont structurées par produits avec des chefs de produit par gamme. »*
> *« La direction internationale dépend directement de la direction générale. »*

The inner structure

Even if you are planning to go into details when the contract actually starts, the candidate needs to know "Who does what" in the company he hopes to join, this will help him to find his place.

Give him first some figures about the size:

"The manpower of our site is 470 people, 350 of them working in production."
"Management positions and engineers account for 20% of our staff."
"We manage more than 3,000 expatriates abroad in our building sites."

Then **outline** the organisation chart:

ALERTE PIÈGE (Ne pas confondre) :
« to outline » = donner les grandes lignes et to « underline »
= souligner, mettre l'accent.

"20 people belong to our general management, including 15 division directors."
"Our Managing Director is Mr................, he created the company 10 years ago."
"Our activities are organised on the basis of export areas with an export area manager and a field sales force."
"Our activities are structured by product lines, with a product-manager for each range."
*"The international division **reports** directly **to** the general management."*

EXPRESSION ET MOT CLÉ :
« to report to » = travailler sous la direction de.

« Le service achat est sous la responsabilité d'un directeur, secondé par des chefs de groupe, par famille de produit, qui encadrent directement les acheteurs. »

« Le service logistique coordonne en amont les approvisionnements et organise, en aval, la distribution des produits. »

« Le service financier suit les comptes clients, la trésorerie et le recouvrement. »

« Le directeur logistique coordonne les interfaces transport en usine et négocie les prestations extérieures. »

« Le service informatique comprend 20 collaborateurs, plus des consultants extérieurs pour les développements d'applications spécifiques. »

Ses objectifs

Là encore, le candidat appréciera de savoir à quel type de projet il sera associé et ce sera pour vous une manière de tester sa motivation par rapport aux objectifs proposés.

« La raison d'être de cette nouvelle structure est de développer un service client performant permettant de réduire de manière significative les réclamations. »

« Notre filiale se doit de rénover son image par le lancement de nouvelles campagnes de communication dans les mois à venir. »

« Nous avons décidé d'étoffer notre force de vente pour faire face au succès de notre dernière gamme. »

« La création de cette unité de recherche répond pour notre société à un enjeu de concurrence sur notre principal marché. »

*"The purchasing director is in charge of the purchasing depart-
ment. He is assisted by group leaders supervising product lines
and managing a team of buyers."*
*"The logistics department co-ordinates supplies upstream and
schedules product distribution downstream."*
*"The Finance department follows the customer's accounts, cash-
flow and payment collections."*
*"The logistics manager co-ordinates the transport units at the
works and negotiate outside services."*
*"The computer department staff amounts to 20, plus external
consultants for the development of specific applications."*

Potential objectives

There again, the candidate will appreciate knowing in what
kind of project he may be involved. This will also be the
opportunity for you to test his motivation compared to the
goals to be achieved.

*"The aim of this new structure is to develop an efficient customer
service so as to reduce the number of claims significantly."*
*"Our subsidiary is to **update** its image by launching new communication campaigns in the months to come."*

ALERTE PIÈGE (Ne pas confondre) :
« to update » = mettre à jour/actualiser/rénover et
« to upgrade » = remplacer par une nouvelle version.

*"We have decided to strengthen our sales force to meet demand for
our successful latest range."*
*"The creation of this research unit is a way for our company to face
stiff competition in our major market."*

La vocation et la culture de l'entreprise

Votre entreprise possède ses particularités sur le plan du management des hommes, de l'image de marque, du fonctionnement, de l'esprit ou de l'ambiance qui y règne. Ces aspects font partie de l'identité de votre entreprise et vous avez à cœur de les transmettre et de montrer leur intérêt et leur originalité.

« Nous nous efforçons de développer nos produits dans le respect de l'environnement et de règles sanitaires. »

« Nous veillons à promouvoir nos collaborateurs et à leur apporter régulièrement des formations afin d'actualiser leurs compétences. »

« Notre petite entreprise a su préserver une gestion à taille humaine, même dans le cadre de son développement international. »

« Nous avons mis en place une charte de qualité afin de mieux maîtriser les différentes étapes du processus de fabrication. »

« Nous organisons des actions d'information et de sensibilisation à la sécurité auprès de nos salariés. »

« Nous menons des concertations régulières avec nos collaborateurs afin d'améliorer la qualité des relations humaines et l'organisation du travail. »

Vous aurez ainsi montré à votre candidat que vous veillez à lui apporter une présentation claire de son futur environnement professionnel. C'est une marque d'intérêt et la meilleure façon de l'aider à faire son choix et de le « motiver » à intégrer votre entreprise.

Your company has its own way of managing staff, its own brand-image, operation, spirit and atmosphere. All these features belong to the identity of your firm and you must do your best to display them and to demonstrate their interest and originality.

"We make every effort to develop our products while respecting the environment and sanitary regulations."
"We see to it that our staff members are promoted and regularly trained to update their skills."

ALERTE PIÈGE :
phrasal verb « to see to » veiller à.

"Our small-sized company has managed to protect a human management, even within the scope of its international development."
"We have implemented a quality charter to have a better control over our manufacturing process."
"We regularly organise information meetings about security matters for our staff."
"We conduct regular consultations with our staff to improve the quality of human resources management and work organisation."

Thus, you demonstrate to your candidate that you want him to have an accurate presentation of his future professional environment. This is a way of showing your interest, helping him to make his choice and motivating him to join your company.

Vous menez votre entretien par une série de questions

Dans la plupart des cas, l'entretien est mené de manière « directive », c'est-à-dire par des questions et des réponses. Même lorsque vous laissez votre candidat se présenter lui-même en quelques mots en début d'entretien, il arrive toujours un moment où vous allez reprendre l'initiative de poser des questions plus ciblées.

Les niveaux d'évaluation sont très différents au fur et à mesure que l'on « descend » dans le déroulement de l'entretien, des questions les plus objectives, concernant les connaissances ou compétences, aux questions plus subjectives concernant le potentiel du candidat, sa capacité d'intégration ou sa personnalité.

Dans tous les cas, attachez-vous à poser des questions précises et courtes afin qu'elles soient clairement compréhensibles et ne donnent pas lieu à des réponses « fleuves ».

Les questions de vérification des compétences

Le premier objectif de votre entretien de recrutement est de vous assurer que le candidat maîtrise bien les connaissances exigées par le poste ainsi que les savoir-faire indispensables.

Les acquis techniques

S'agissant de certains métiers, il est possible de faire passer des tests de vérification. Vous pouvez par ailleurs demander au service auquel est rattaché le poste de s'assurer des connaissances techniques nécessaires à l'exercice de la fonction.

En revanche, certaines questions peuvent consister à s'assurer qu'une technique utilisée dans un autre contexte peut facilement s'adapter aux exigences de vos produits.

Conducting your interview with a variety of questions

In most cases, the interview is led in a directive way, i.e. the recruiting consultant asking questions and the candidate answering them. Even if you ask the candidate to introduce himself in a few words at the beginning of the interview, the time comes when you take the initiative again, asking more targeted questions.

The type of assessment being made varies as you go along the interview, from objective questions about the candidate's knowledge or skills, to more subjective ones concerning his potential, his capacity to join a team or his personality.

Always try to ask short and precise questions to make them clearly understood and avoid long answers.

To assess skills

The first objective of your interview is to make sure that the candidate masters the knowledge and abilities **demanded** by the job.

ALERTE PIÈGE (Faux ami) :
« to demand » = exiger, « demander » = to request.

Technical knowledge

For certain positions, technical tests can be carried out. You can also request the department involved to check the knowledge necessary for the job.

Still, some questions can be useful to check that a technical knowledge used in an other context can be easily adapted to the products requirements.

« Le fonctionnement du matériel que vous connaissez s'apparente-t-il aux machines de nouvelle génération qui équipent notre usine ? »

« Pensez-vous pouvoir vous adapter rapidement à ce type de matériel ? »

« Seriez-vous en mesure d'élaborer ce type de montage financier complexe ? »

« Pourriez-vous, à votre avis, vous sensibiliser rapidement à la spécificité de nos produits ? »

« Votre compétence technique est-elle immédiatement transférable ou nécessiterait-elle une formation complémentaire ? »

« Pensez-vous pouvoir vous former vous-même rapidement à nos produits ? »

« Pourriez-vous me décrire les produits pour lesquels vous pourriez lancer immédiatement une recherche sur une place de marché ? »

Les connaissances informatiques

Comme vous le savez, la précision est de rigueur dans ce domaine, qui est aujourd'hui un véritable passage obligé dans la validation d'un recrutement.

Faites-vous préciser :

Les noms des matériels

« Travaillez-vous aussi bien sur Mac que PC ? »

« Utilisez-vous couramment un ordinateur portable comme outil de travail ? »

"Does the equipment you know operate like the new generation machines we have in our plant?"
"Do you think you could adapt rapidly to this kind of **equipment**?*"*

ALERTE PIÈGE :
attention au sens de « equipment » = du matériel.

"Would you be in a position to work out this kind of complicated financial arrangements?"
"In your opinion, do you think you could become familiar with our products rapidly?"
"Could you immediately transfer your technical skills or do you think you would need training?"
"Do you think you could train yourself rapidly to our products?"
"Could you describe the products that you could source immediately on a market place?"

Computer knowledge

Precision is absolutely necessary in this field, as it is part of current recruiting criteria.

Try to find out:

The name of hardware

"Do you use both Mac and PC?"
"Do you regularly use a portable computer in your office?"

Les noms des logiciels

Standard (pack office : traitement de textes, tableur, base de données, présentation).

Dédiés (comptabilité, tableaux de bord, gestion commerciale etc.)

E.R.P. (SAP, etc.)

Les progiciels spécifiques aux précédents employeurs du candidat

« Quels types de logiciels utilisez-vous couramment ? »
« Quels sont les logiciels de comptabilité que vous savez utiliser ? »
« Avez-vous déjà eu à utiliser des E.R.P., lesquels ? »
« Avez-vous l'habitude de vous adapter à des outils spécifiquement développés pour les besoins de l'entreprise ? »

La connaissance des messageries et des réseaux

« Avez-vous déjà utilisé des logiciels de messagerie en réseau, lesquels ? »
« Préférez-vous envoyer un fax ou un e-mail, pourquoi ? »
« Savez-vous utiliser Internet dans le cadre de votre fonction, par exemple pour des recherches d'informations, du sourcing produits, de la veille concurrentielle ou technologique etc. ? »
« Votre dernier employeur était-il équipé d'un réseau Intranet, si oui l'utilisiez-vous couramment ? »

Le niveau de compétence réelle dans ce domaine

Vous ferez également préciser au candidat son niveau de connaissance de ces outils, en distinguant :

- La connaissance, c'est-à-dire le fait que le logiciel a simplement été appris de façon théorique en formation mais non utilisé sur le terrain.

The software programs

Standard (pack office : word-processing, spreadsheet, database, presentation.)

Specific (accounting, flow charts, sales management etc.)

E.R.P. Enterprise Ressource Program (SAP, etc.)

Software package used by the candidate at his previous offices

"What kind of software programs do you commonly use?"

"What are the accounting software programs you know?"

"Have you already had the opportunity to use E.R.P. systems ? Which ones?"

"Are you used to adapting to specific tools developed for the purpose of the company?"

Knowledge of electronic mail and networks

"Have you already used an electronic mail network system ? Which one ?"

"Would you rather send a fax or an e-mail, why?"

"Can you use Internet in your job, to look for information for instance, to source products or for competition or technological watch etc.?"

"Was your last employer fitted with an intranet network, and if so did you use it?"

The true level of skill in this field

You will also ask the candidate to specify his standard use of these tools, namely :

– His knowledge, that is the fact that he has learnt how to use it but without using it on the spot.

– L'utilisation, qui suppose que le candidat a eu l'occasion de l'utiliser mais de manière ponctuelle.
– La pratique, à savoir le recours régulier à l'outil dans le cadre professionnel en tant qu'utilisateur autonome.
– La maîtrise qui démontre la pratique optimale de l'outil, par l'utilisation des fonctions avancées du logiciel (macros sur Excel, requêtes sur Access etc.).

« Seriez-vous capable de créer une base de données sur Access ? »

« Pourriez-vous mettre en place sur Excel des tableaux de bord mensuels avec calcul automatique de cumuls et report à nouveau ? »

« Avez-vous déjà eu l'occasion de présenter vos résultats par le biais d'un diaporama sur Powerpoint ? »

« Avez-vous déjà été associé à la mise en place d'un cahier des charges pour le développement d'applications spécifiques ? »

« Êtes-vous habitué à travailler avec des consultants informatiques externes et à transmettre l'information en interne ? »

Enfin, vous pouvez tester l'intérêt ou au minimum l'absence de réticence du candidat à l'égard de l'informatique par une question ouverte :

« À votre avis, quels sont les principaux avantages de l'utilisation de l'informatique sur le plan professionnel, et ses éventuels inconvénients ? »

Et voir jusqu'à quel stade d'implication il est prêt à aller :

« Seriez-vous prêt à jouer un rôle actif dans la mise en œuvre d'un projet informatique global dans l'entreprise ? »

- His use, which implies that he had the opportunity to operate the program from time to time.
- His practice, that is the regular use of a tool in the professional context as an autonomous user.
- His command which demonstrates maximum exploitation of the tool, by the use of the advanced functions of the program (macros with Excel, requests with Access etc.).

"Could you build up a data base with Access?"

"Could you set up monthly management flow charts with Excel including automatic cumulative calculation and carried forward?"

"Have you already had the opportunity to present your results through a PowerPoint slide show?"

"Have you already been involved in the implementation of a schedule of conditions for the development of special applications?"

*"**Are you used to working** with outside computer consultants and disseminate information back to the company?"*

ALERTE PIÈGE :
attention « to be used to » (avoir l'habitude de) est toujours suivi de ING, ne pas confondre avec « I used to smoke » habitude du passé que l'on ne fait plus.

Finally, try to find out the attitude of the applicant towards computer science by an open questions like:

"In your opinion, what are the main advantages of using a computer for professional purposes and its possible drawbacks?"

Try to check as well to what extent he is prepared to go:

"Would you be ready to play a major part in the implementation of a global computer project in your company?"

Les compétences linguistiques

Les pays et les langues

Bulgarie = bulgare	Hongrie = hongrois	Portugal = portugais
Allemagne = allemand	Italie = italien	Roumanie = roumain
Danemark = danois	Irlande = irlandais	Russie = russe
Espagne = espagnol	Norvège = norvégien	Suède = suédois
Finlande = finnois	Pays-Bas = hollandais	Turquie = turc
Grèce = grec	Pologne = polonais	Ukraine = ukrainien

Même si l'appréciation des connaissances linguistiques peut faire l'objet de tests écrits et oraux, vous vous assurerez du niveau du candidat dans les langues qu'il dit pratiquer et son degré de franchise vous permettra également de mesurer sa sincérité.

Vous vous intéresserez d'abord aux compétences linguistiques susceptibles d'être immédiatement utilisables dans le poste, en définissant précisément le niveau requis pour chacune des langues.

Dans le cas du candidat d'origine étrangère, vous vous préoccuperez bien entendu de son niveau de français. Vous aurez donc mesuré le niveau minimum indispensable pour l'intégration dans l'équipe et les relations externes. Si l'anglais est la langue de travail dans la société tout entière et si le reste de l'équipe parle correctement l'anglais, l'intégration d'un collègue anglo-saxon sera un plus. Dans le cas contraire, il vous faudra vous assurer que certaines lacunes ne risquent pas de créer des ambiguïtés voire des erreurs.

Language skills

Countries and languages

Bulgaria = Bulgarian	Hungary = Hungarian	Portugal = Portuguese
Germany = German	Italy = Italian	Romania = Romanian
Denmark = Danish	Ireland = Irish	Russia = Russian
Spain = Spanish	Norway = Norwegian	Sweden = Swedish
Finland = Finnish	Netherlands = **Dutch**	Turkey = Turkish
Greece = Greek	Poland = Polish	Ukraine = Ukranian

ALERTE PIÈGE (Faux amis) :
« dutch » ne veut pas dire « allemand » mais hollandais !

As a complement to written and spoken tests, try to make sure of the actual level of the candidate in the languages he is supposed to speak, his frankness being also a sign of his sincerity.

Focus first on the language skill immediately required for the position and define them precisely for each language.

When dealing with a foreign candidate, consider as well his level in French. Assess the minimum level necessary for a good integration into the team as well as outside relationships. If English is the language used in the whole company and if the rest of the team speaks English fluently, integrating an English-speaking colleague will be an asset. If not, make sure that his level will be sufficient to avoid misunderstandings or even mistakes.

D'autre part, n'oubliez pas que le français est une langue très difficile à maîtriser pour un étranger, en particulier à l'écrit.

Vous poserez donc des questions précises :

> *« Avez-vous appris le français à l'école ? »*
> *« Depuis combien de temps vivez-vous en France ? »*
> *« Avez-vous suivi des cours de français depuis votre arrivée ? »*
> *« Avez-vous déjà utilisé le français dans un environnement professionnel ? »*
> *« Êtes-vous capable de rédiger des mémos, des fax ou des courriers en français ? »*
> *« Comment essayez-vous d'améliorer votre pratique du français ? »*

Mis à part le cas de la langue maternelle et du français, vous essaierez d'apprécier également le niveau du candidat dans d'autres langues étrangères, qui pourraient s'avérer utiles pour le poste à court ou moyen terme.

> *« Nous avons quelques clients en Espagne, pensez-vous que vous pourriez les prendre en charge grâce à votre pratique de la langue ? »*
> *« Il est possible que nous envisagions à terme de pénétrer le marché allemand, pensez-vous que votre pratique de cette langue pourrait être un atout ? »*
> *« Pensez-vous que vous pourriez, en cas de besoin, vous remettre à niveau en italien ? »*

Par ailleurs, essayez de valider à côté du niveau d'utilisation de la langue, la connaissance de la culture, de la mentalité et la capacité du candidat à s'adapter à un type de communication « interculturel ».

Enfin, n'oubliez pas que le meilleur des tests reste la conversation directe que vous pouvez mener vous-même ou confier à une personne de langue maternelle dans votre entreprise ou au sein d'une filiale (rien ne vaut une mise en situation par téléphone avec votre alter ego à Madrid ou à Francfort…).

On the other hand, do not forget that French is a difficult language to learn for a foreigner, especially the written skills.

So, ask accurate questions:

"Did you learn French at school?"
"How long have you been living in France?"
"Have you been attending French courses since your arrival?"
"Have you already practised French professionally?"
"Can you write memos, fax messages or letters in French?"
"How do you try to improve your French?"

Apart from the native language and French, try to appraise the level of the candidate in other foreign languages which might prove useful for the job, either at short or medium term.

"We have a few customers in Spain, do you think you could handle them in Spanish?"
"We might consider breaking into the German market. Do you think that your knowledge of this language might be an asset?"
"Do you think you could brush up your Italian, in case of need?"

In addition to the level in the language, try to assess the knowledge of the culture, mentality and the ability of the candidate to adapt himself to "cross-cultural communications".

Finally, never forget that the best test is to speak directly with the applicant, either yourself or with a native speaker in your company or in a subsidiary (there is nothing like a real conversation on the phone with your alter ego in Madrid or Frankfurt...).

La pratique professionnelle

Vous avez vérifié la « boîte à outils » de votre candidat et mesuré sa capacité à répondre aux exigences techniques, informatiques et linguistiques du poste. Vous allez maintenant rentrer dans le vif du sujet, c'est-à-dire valider avec lui le contenu des postes dont il a eu la responsabilité.

Vous vous intéresserez d'abord aux missions générales qui lui ont été confiées, c'est-à-dire à la raison d'être principale du poste :

« Décrivez vos principales missions à ce poste. »
« Quels objectifs la direction générale vous avait-elle fixés lors de votre embauche à ce poste ? »
« Étiez-vous associé à l'élaboration de la stratégie commerciale ? »
« Étiez-vous amené à élaborer des diagnostics qualité ? »
« Avez-vous eu l'occasion de mettre en place des outils de gestion ? »
« Aviez-vous un rôle important à jouer dans le dispositif de veille technologique ? »

Puis vous étudierez les fonctions et les tâches :

« Étiez-vous également chargé de la fixation des objectifs et de la validation des résultats ? »
« Quels outils aviez-vous mis en place pour contrôler la force de vente sur le terrain ? »
« Étiez-vous également chargé de mener les réunions et de mettre en place les tableaux de bord de suivi ? »
« Comment parveniez-vous à améliorer les compétences et les résultats de votre équipe ? »

Professional experience

After checking the "tools" of your candidate and assessing his capacity to meet the technical, computer or language requirements of the job, you get to the heart of the matter, i.e. checking his previous positions and responsibilities.

First, inquire about the general assignments he was entrusted with, that is the main subject of his job:

"Describe your main assignments in this position."
"What were the goals set by the management when you joined the company?"
*"Were you involved in the working out of the **sales** strategy?"*

ALERTE PIÈGE :
attention au sens de « sales » en tant qu'adjectif = « commercial ».

"Did you have to draw up quality diagnosis?"
"Did you have the opportunity to install management tools?"
"Did you have to play an important part in technological scanning?"

Then study the functions and tasks:

"Were you responsible as well for setting targets and controlling results?"
"What kind of device did you implement to control the sales force in the field?"
"Were you also in charge of leading meetings and creating follow-up flow charts?"
*"How did you **manage to** improve the abilities and results of your team?"*

ALERTE PIÈGE :
phrasal verb « to manage to do something » se traduit par « réussir à faire quelque chose », à ne pas confondre avec « to manage » = gérer, diriger.

« Étiez-vous également responsable d'un portefeuille en propre ? »
« Comment gardiez-vous le contact avec le terrain ? »
« Comment traitiez-vous l'information qui remontait de votre zone ? »
« Étiez-vous associé à la conception des supports marketing ? »

Les réalisations et/ou les résultats

Il est toujours intéressant de valider dans un recrutement, non seulement l'ampleur mais surtout la difficulté des projets menés par le candidat dans le cadre de ses postes précédents ainsi que le niveau des résultats atteints.

Sans vous laisser impressionner par des chiffres mirobolants qui ne veulent parfois pas dire grand chose (surtout pour des fonctions commerciales), vous vous attacherez à évaluer le contexte de ces projets, leur durée dans le temps, les moyens mobilisés, le degré réel d'autonomie du candidat dans leur réalisation ainsi que l'issue finale et leur pérennité dans le temps.

Tout d'abord pendant le parcours de formation initiale :

« Quelle a été votre plus belle réalisation pendant vos études ? »
« Avez-vous travaillé pendant vos études ? »

Puis, au cours de l'expérience professionnelle :

« Vous a-t-on confié un portefeuille existant ou s'agissait-il de prospecter une clientèle complètement nouvelle ? »

"Were you also personally in charge of a portfolio?"
"How did you keep in touch with field work?"
"How did you process the information brought back by the sales team on your area?"
*"Were you involved in the design of marketing **materials**?"*

ALERTE PIÈGE :
attention au sens de « materials » = des matières, des matériaux, du tissu ou des supports.

Achievements and/or results

It proves interesting in the course of a recruitment to assess the size but also the difficulty of projects led by the candidate within the scope of his previous jobs as well as the results achieved.

ALERTE PIÈGE :
« to prove » se traduit par « prouver » mais également par « se montrer » ou « s'avérer ».

Do not be impressed by fabulous figures which sometimes do not mean anything (especially in the case of sales positions). Rather try to appraise the context of these projects, how long they lasted, the means pooled, his extent of autonomy in the achievement, as well as its final result and duration.

First, during the academic record:

"What was your best achievement during your studies?"
"Did you work at an outside job during your studies?"

Then, through his professional experience:

"Were you given existing accounts or did you have to prospect a new clientele? "

« Étiez-vous seul pour mener cette étude ? »
« Un tel projet avait-il déjà été mené dans l'entreprise ? »
« Avez-vous pris l'initiative de lancer cet appel d'offres ou était-ce le fruit d'une concertation dans l'équipe ? »
« Ce projet ne faisait pas partie de vos attributions, est-ce vous qui l'avez proposé et, si oui, pourquoi ? »
« Vous a-t-on alloué un budget spécifique pour mener cette action ? »
« Aviez-vous la responsabilité de la coordination d'ensemble ? »
« Avez-vous rencontré des difficultés pour mener à bien cette action et si oui, lesquelles ? »
« Diriez-vous que ce projet a été un succès, et si oui pourquoi ? »
« Les méthodes que vous avez mises en place sont-elles, à votre connaissance, toujours en vigueur dans l'entreprise ? »
« Pensez-vous que les compétences que vous avez développées grâce à ce projet sont transférables dans le poste dont nous parlons aujourd'hui ? »

L'analyse de ces réalisations vous permettra également de « lever le voile » sur les motivations du candidat par rapport à son métier, ses attentes et ses centres d'intérêt professionnels.

La validation de l'adéquation au poste et à son environnement

Après ces deux premières étapes de vérification des outils et des compétences opérationnelles, il vous faut vous assurer que le candidat possède bien le « calibre », c'est-à-dire le niveau requis par le poste. En effet, dans les deux cas extrêmes, le recrutement ne pourra pas être couronné de succès :

- Si le candidat est sous calibré, il ne pourra répondre totalement aux exigences du poste et ne sera pas reconnu par son environnement, ce qui pourra entraîner un phénomène de rejet et un sentiment d'insuffisance professionnelle de la part du candidat recruté.

"Did you have to lead this study by yourself?"
"Had such a project already been **carried out** *in the company?"*

ALERTE PIÈGE :
phrasal verb « to carry out » = exécuter/réaliser.

"Did you take the initiative of launching this tender bid or was it a collective decision?"
"This project was outside the scope of your assignments, did you offer to do it and if so why?"
"Were you granted a specific budget to conduct this action?"
"Were you in charge of co-ordinating the whole project?"
"What difficulties did you come up against?"
"Was it a success and if yes, why?"
"Are the methods you implemented still in force in the company, as far as you know?"
"Do you think that the abilities you have developed thanks to this project might be transferable in the position we are considering?"

Analysing achievements will give you insight into your candidate's motivation towards his profession, his expectations and professional interests.

Matching the candidate with the job and its environment

After checking the tools and operational skills, you have to make sure that the applicant has the right level for the job. In two extreme cases, the recruitment will fail:

– If the candidate is too junior, he will find it difficult **to meet** the job requirements and will not be acknowledged. He might then be rejected and feel that he is not up to scratch.

– Si le candidat est surdimentionné, la prise de poste sera facile mais il aura rapidement l'impression de ne plus avoir à faire ses preuves. Il pourra s'ensuivre un sentiment d'ennui voire la frustration de ne pas être à son niveau de compétence. Dans ce type de situation, la personne recrutée pourra soit décider de démissionner (ou de rompre la période d'essai), soit demander à évoluer à très court terme, ce qui vous obligera à tout recommencer avec les frais que cela implique.

Cette évaluation passe par la prise en compte de plusieurs paramètres qui visent à positionner le candidat à la lumière de son futur environnement professionnel.

L'analyse du parcours et des niveaux de responsabilité occupés

La première étape consiste à comprendre clairement le niveau d'étude du candidat ainsi que le contenu de sa formation initiale (voir chapitre 1 sur la comparaison des systèmes d'enseignement).

N'oubliez pas que, dans les systèmes de formation anglo-saxons, les cursus sont plus « généralistes » et que les résultats sur le terrain ont plus de valeur qu'un diplôme. Le candidat comprendra mal votre éventuelle insistance sur sa formation alors qu'il veut mettre en avant ses réalisations professionnelles.

De même, si vous le trouvez jeune, ne lui faites pas ressentir le handicap de son âge par rapport au poste, il aurait du mal à le comprendre car les évolutions de carrière peuvent être très rapides dans des entreprises anglo-saxonnes, à condition d'être un « bon ».

« Pour quelles raisons avez-vous choisi ce cursus de formation ? »

EXPRESSION ET MOT CLÉ :
« to meet » s'emploie souvent pour « répondre à », « satisfaire ».

– If the candidate is too senior, he will adapt easily to the job and feel that he does not have to prove anything. He might then feel bored and frustrated to be under employed. In this case, the person hired might decide to resign or to leave before the end of the trial period, or even to be promoted rapidly to a new position, forcing you to start all over again at extra cost.

This assessment implies **to allow for** several parameters which permit to position the applicant in the light of his future professional environment.

ALERTE PIÈGE :
phrasal verb « to allow for » se traduit par « tenir compte de ».

Analyse background and levels of responsibility

First, try to understand clearly the academic level of the applicant, as well as the contents of his syllabus (see chapter 1 about the comparison between educational systems).

Do not forget that, in English educational systems, the syllabus is more general and that concrete results are more valuable than a diploma. The candidate would not understand that you stress his education too much. He will seek to underline his professional achievements.

Similarly, if you find him rather young, do not emphasise the gap. Career prospects can be very quick and rewarding in English and American groups for the best staff members.

"Why did you chose this academic syllabus?"

« Pourquoi avez-vous repris des études après vos premières années d'expérience ? »

« Parlez-moi du contenu de ce cursus, des matières et du programme suivis. »

« Qu'est-ce qui vous a poussé à choisir cette option ? »

Il s'agit principalement de comprendre les différentes étapes du parcours, les réorientations, les motifs des changements de poste et l'éventuelle cohérence de l'ensemble, même si des aléas de parcours sont parfois acceptables. De plus, n'oubliez pas que la notion de carrière est très différente également dans la culture anglo-saxonne, où les changements de poste peuvent être plus fréquents et l'évolution moins structurée.

« Pourquoi n'avez-vous pas poursuivi votre carrière dans le droit fil de votre formation initiale ? »

« Vous avez changé d'orientation il y a deux ans, pouvez-vous en expliquer les raisons ? »

« À la suite de quelles circonstances avez-vous quitté votre dernier emploi ? »

« Vous a-t-on proposé un renouvellement de contrat ? »

« Ce changement de statut a-t-il été volontaire ou subi ? »

« Pourquoi votre évolution interne a-t-elle été si lente ? »

« Pourquoi êtes-vous resté sans emploi aussi longtemps ? »

« Pourquoi avez-vous changé quatre fois d'entreprise en trois ans ? »

« Pourquoi êtes-vous resté dans la même entreprise aussi longtemps ? »

"Why did you decide to resume your studies after your first years of work experience?"
"Give me some information about this degree course, the subjects and the syllabus."

EXPRESSION ET MOT CLÉ :
« syllabus » est un synonyme de « curriculum » = programme suivi pendant les études.

"Why did you decide to choose this option?"

The aim of these questions is to understand the different stages of his record, the directions, the reasons for changes, and the possible consistency of the whole background, accepting, of course, the element of chance. Moreover, never forget that the career concept is quite different in the Anglo-Saxon culture, where job changes can be more frequent and the evolution less structured.

"Why didn't you follow your career in the same direction as your academic record?"
"You changed direction two years ago, why was that?"
"Why did you leave your last job?"

EXPRESSION ET MOT CLÉ :
la réponse peut être :
I was made redundant = J'ai été licencié pour raison économique
I was dismissed = J'ai été licencié pour faute professionnelle
I resigned as there was no opportunity for further promotion = j'ai démissionné par manque de perspectives.

"Were you offered to renew the contract?"
"Did you decide this change in your status or was it imposed?"
"Why was your inside evolution so slow?"
"Why did you remain unemployed so long?"
"Why did you change company four times in three years?"
"Why did you remain in the same company so long?"

Vous compléterez cette approche par l'étude de la position hiérarchique du candidat dans ses précédents postes, en tenant compte de la taille et de la structure des entreprises concernées.

> *« Est-ce que vous travailliez en direct avec la direction générale ? »*
>
> *« Participiez-vous aux réunions de direction ? »*
>
> *« Aviez-vous un rôle fonctionnel ou opérationnel ? »*
>
> *« Étiez-vous consulté dans le cadre de décisions stratégiques ? »*
>
> *« Dépendiez-vous d'un directeur de division ou étiez-vous autonome dans la gestion de votre service ? »*
>
> *« Étiez-vous responsable d'un centre de profit ? »*
>
> *« Étiez-vous en relation avec les directions des autres filiales ? »*

Vous pouvez également, dans le cadre de ce champ de questions, faire expliciter par le candidat son parcours en terme de progression des responsabilités ainsi que les raisons des changements :

> *« Expliquez-moi les changements dans votre parcours professionnel qui vous ont permis d'accéder à des responsabilités plus importantes. »*

L'encadrement

La taille des équipes gérées ainsi que le degré d'implication dans le management des hommes, constitue un élément important d'évaluation du niveau du candidat, et de sa capacité à animer éventuellement une équipe.

> *« Combien de personnes aviez-vous à encadrer, en moyenne, dans ce poste ? »*
>
> *« Comment votre équipe était-elle structurée ? »*
>
> *« De quel type de population était constituée votre équipe ? »*
>
> *« Étiez-vous associé au choix des collaborateurs ? »*
>
> *« Aviez-vous des adjoints ? »*

Complete this approach by studying the hierarchical level of the candidate in his previous jobs, taking into account the size and structure of the companies involved.

"Did you report directly to the general management?"
"Did you attend board meetings?"

ALERTE PIÈGE (Faux ami) :
« to attend » = participer à.

"Were you in a functional or an operational role?"
"Could you give your opinion regarding strategic decisions?"
"Did you report to a division director or could you manage your department with autonomy?"
"Were you in charge of a profit centre?"
"Were you in contact with the managers of other subsidiaries?"

In the same respect, you can also ask the candidate to explain his background in terms of responsibility development as well as the reasons for the changes :

"Explain the changes in your professional background which allowed you to take on more responsibilities."

Team management

The size of the teams the applicant has already managed, as well as his involvement in staff management, are important elements on assessing his level and his capacity to lead a team.

"How many people did you have to manage in the job, generally speaking?"
"How was your team organised?"
"What type of staff member did you have to manage?"
"Were you involved in the choice of your team members?"
"Did you have a deputy?"

« Vous est-il facile de déléguer ? »

« Comment gardiez-vous le contact avec vos collaborateurs à l'étranger ? »

« De quelle manière contrôliez-vous leur travail ? »

« Comment vous assuriez-vous de l'actualisation des compétences de vos collaborateurs ? »

« Comment arriviez-vous à faire "passer des messages" ? »

« Quelle était votre méthode pour motiver vos collaborateurs ? »

« Avez-vous rencontré des difficultés dans vos rapports avec certains membres de votre équipe ? »

« Comment avez-vous géré d'éventuels conflits au sein de votre équipe ? »

« À votre avis, quelles sont les qualités d'un bon responsable d'équipe ? »

Ces différentes questions vous permettront de vérifier le « vécu » de votre candidat dans ce domaine, de valider sa vision de management d'équipe et de vous assurer de son expérience sur le terrain.

Le degré d'engagement et la prise de décision

Un autre aspect de la validation du niveau de responsabilité assumé par le candidat dans ses autres postes, consiste à analyser précisément jusqu'à quel point il engageait ses précédentes entreprises, par le niveau des budgets dont il avait la charge, ou encore les conséquences juridiques des décisions qu'il était amené à prendre en propre.

« Quelle était la part du budget total dont vous aviez la charge ? »

« Avez-vous mis en place des outils de contrôle budgétaire ? »

« Étiez-vous seul à décider de la répartition des lignes de crédit ? »

"Do you delegate easily?"
"How did you manage to keep in touch with your staff abroad?"
"How did you oversee their work?"
"How did you make sure that your staff members had updated skills?"
"How did you succeed in passing messages to your team?"

ALERTE PIÈGE :
attention à la construction de ce verbe « to succeed in v+ing » = réussir à faire quelque chose ou bien « to manage to do ».

"What was your method of motivating your staff members?"
"Have you met any difficulty in your relationships with your team members?"
"How did you cope with conflicts in your team?"
"In your opinion, what are the major qualities of a good team leader?"

These questions will allow you to check the actual experiences of the candidate in this field, to assess his view of team management and to make sure of his field experience.

Commitments and decision-making

Another way of checking the candidate's level of responsibility in other positions is to analyse precisely to what extent he was committing his previous companies, through the budget he was in charge of or through the legal involvement of his own decisions.

"What was the share of the budget you were responsible for?"
"Did you implement some tools for budget control?"
"Could you decide on credit lines by yourself?"

« Quelle était votre autonomie dans la négociation des prix et des remises ? »

« Étiez-vous libre dans le choix des fournisseurs ? »

« Étiez-vous autorisé à modifier des conditions contractuelles sans en référer en interne ? »

« Aviez-vous la signature pour les contrats de vente à l'international ? »

« Preniez-vous seul les décisions concernant les placements des excédents de trésorerie sur le marché mondial ? »

« Étiez-vous autonome dans la mise en place d'une politique d'achat pour votre site de production ? »

« De quelle manière assuriez-vous un reporting de vos décisions budgétaires en interne ? »

« Avez-vous eu à régler des litiges à la suite de certaines de vos décisions, si oui lesquels et comment les avez-vous résolus ? »

« Êtes-vous un décideur ? »

Ces questions vous permettront de connaître précisément le degré d'autonomie réelle du candidat dans ses précédents postes ainsi que sa capacité à faire face à des situations de prise de décision.

Le cas échéant, elles vous indiqueront également si le candidat recherche beaucoup d'initiatives ou si au contraire il se sent mieux dans des situations moins exposées.

Vous mettrez cette évaluation en perspective avec le poste à pourvoir afin de valider l'adéquation du candidat avec son futur environnement professionnel.

"How free were you in the negotiation of prices and discounts?"
"Could you select suppliers on your own?"
"Were you allowed to alter contractual terms without referring to your management?"
"Did you sign international contracts yourself?"
"Did you decide yourself on the way to invest cash flow surplus in the world market?"
"Could you implement a purchasing policy for your production site autonomously?"
"How did you arrange the reporting of your budgetary decisions inside the company?"
"Did you have to settle disputes further to some of your decisions, if yes which ones and how did you manage to solve them?"

ALERTE PIÈGE (Faux ami) :
attention au sens de « dispute » qui signifie un différend, un litige.
une dispute = a quarrel, an argument.

"Are you a decision-maker?"

Answers to these questions will allow you to assess precisely the real level of autonomy in his previous jobs as well as his capacity to face decision making.

They might, as well, inform you about the amount of initiative sought by the applicant, whether he feels better with less or more responsibilities.

You can then compare this assessment with the job requirements so as to calculate the relevance of the applicant in his future professional environment.

L'évaluation du potentiel et de la motivation

Vous avez réussi, sur la base de questions précises, appelant des réponses claires et détaillées, à dresser un portrait professionnel assez fiable de votre candidat, de ses compétences et du niveau de responsabilité auquel il peut faire face.

Jusqu'à présent il s'agissait pour vous de définir la personne telle qu'elle est aujourd'hui, mais vous allez maintenant entrer dans un champ d'investigation beaucoup moins objectif puisqu'il va s'agir de définir ce que la personne peut devenir à terme ainsi que les motivations qui l'animent face au défi professionnel que vous lui proposez.

La capacité d'évolution à moyen terme

Il s'agit de valider le potentiel de la personne, c'est-à-dire sa capacité à faire évoluer ses compétences et son niveau de responsabilité en fonction des besoins de l'entreprise et des opportunités qui se présenteront.

Cette vérification est très importante lorsque l'on veut s'assurer que :

– La personne sera capable de progresser en fonction des changements dans l'entreprise et pourra accompagner son développement à moyen terme. Vous pouvez très bien avoir déjà à l'idée le type d'évolution qui pourrait être envisagé.

Ou bien au contraire que :

– La personne restera à ce poste sur une durée assez longue et ne se verra pas proposer d'évolution car l'on souhaite que le poste reste attribué au même titulaire (par exemple pour des raisons de continuité relationnelle avec les clients ou parce que la formation sur le poste est très longue).

Assessment of potential and motivation

Through precise questions requiring clear and detailed answers, you have managed to draw a portrait of the applicant, his abilities and the responsibilities he can face.

Until this point, the aim was to define the candidate as he is right now. But you are going to step into a less objective field as you focus on what the person is *likely to become* in the future as well as his motivation towards the professional challenge you offer.

Capacity to progress in the medium term

The aim is to assess the potential of the candidate, i.e. his capacity to make his skills and responsibilities progress according to the needs and opportunities offered.

This is very important to check when you want to make sure that:

- The person will be able to evolve according to the changes occurring in the company and keep up with its development. Maybe you already have in mind the kind of evolution you might consider.

Or on the contrary that:

- The candidate will hold the same position over a long period and will not be offered any opportunity, as you want the person to remain on the same job as long as possible (for instance to ensure a steady contact with customers or because the training is very long).

Vous pouvez procéder par des questions ouvertes :

« Qu'attendez-vous de ce poste ? »
« Qu'est-ce qui vous plaisait et vous déplaisait dans votre dernier poste ? »
« Quel a été votre poste préféré et pourquoi ? »
« Avez-vous réussi à faire évoluer votre poste, comment ? »

La volonté de progresser et l'ambition

Dans le même ordre d'idée, vous validerez les visées professionnelles du candidat à terme afin de vous assurer que vous serez en phase sur les orientations et les perspectives offertes en interne.

« Comment envisagez-vous votre évolution professionnelle ? »

Cette question est intéressante car elle permet de mesurer le réalisme et la pragmatisme du candidat, ses attentes, ainsi que sa façon de se projeter dans l'avenir.

« Aimez-vous apprendre ? »
« Quel serait pour vous le poste idéal ? »
« Recherchez-vous les responsabilités ? »
« Qu'attendez-vous de votre employeur ? »
« Souhaitez-vous suivre des formations continues ? »

La capacité d'intégration dans l'entreprise et dans le service

Ce type d'évaluation est difficile à mener car, dans le domaine des relations humaines, rien n'est jamais gagné d'avance, et les surprises sont multiples.

You can ask open questions:

"What do you expect from this position?"
"What did you like and dislike in your last job?"
"What was the position you liked the best, why?"
"Could you manage to develop your job and how?"

Ambition and the will to progress

Similarly, you can appraise the career aims of the candidate to make sure that they will comply with the directions and prospects you are planning to offer.

"How do you imagine your career development?"

This question is interesting as it allows you to assess the realism and pragmatism of the candidate, his expectations as well as the way he imagines his future.

"Do you enjoy learning?"
"Could you describe your ideal job?"
"Are you seeking responsibilities?"
"What do you expect from your company?"
"Would you be willing to undergo training?"

Will he fit in?

This kind of assessment is rather difficult as nothing is ever certain in the field of human relationships, and you can be surprised sometimes.

Cependant, sans présager de l'issue finale, à savoir le succès du recrutement, vous pouvez essayer de mesurer l'adéquation du candidat avec son futur environnement professionnel que ce soit :

- Sur le plan de l'adhésion à la culture de l'entreprise, c'est-à-dire à son système de valeurs. En effet, il vaut mieux s'assurer que le candidat pourra s'épanouir dans l'ambiance particulière de l'entreprise, qu'il pourra en véhiculer aisément l'image et en défendre les intérêts.
- Sur le plan de l'intégration dans l'équipe, en veillant à maintenir une certaine homogénéité au sein du groupe, par l'équilibre entre les tranches d'âge et les sexes par exemple. Vous devez également essayer de préserver une certaine harmonie relationnelle en évitant de mettre en contact des personnalités susceptibles de générer des conflits.

En ce qui concerne spécifiquement l'intégration d'une personne d'une autre culture, il est important de s'assurer qu'elle saura faire l'effort d'adaptation et que l'équipe qui l'accueille possède une bonne ouverture culturelle.

« Pourquoi êtes-vous candidat à ce poste ? »

« Pensez-vous pouvoir vous adapter à un contexte de PME (ou de grande entreprise selon le cas) ? »

« Qu'est-ce qui vous a attiré dans notre société ? »

« Combien de temps envisagez-vous de rester dans notre entreprise ? »

« Aimez-vous travailler en équipe ? »

« En général, vous intégrez-vous facilement au sein d'une équipe ? »

« Éprouvez-vous des difficultés à travailler avec des personnes de niveaux hiérarchiques différents ? »

« Quelles sont vos habitudes de travail ? »

Yet, without granting that the recruitment will be a success, try to assess the suitability of the applicant with his future professional environment, regarding:

- His capacity to subscribe to the corporate culture, that is to say its values system. It is important to determine if he will enjoy the atmosphere of the company, convey its image and fight for its interests.
- His capacity to be part of a team. For instance you will try to maintain an homogeneous group by a good balance between agebands and sexes. Also try to preserve a certain interpersonal harmony by making sure no conflicting personalities will be mixed.

Regarding the specific issue of hiring a person from a different culture, make sure he/she will endeavour to adapt and that the team has got a good cultural open-mindedness.

"Why did you apply for this position?"
"Do you think you can adapt to the context of a small business (or large-sized company)?"
"What did you find attractive in our company?"
"How long do you think you will stay in our company?"
"Do you enjoy team work?"
"Generally, do you integrate easily into a team?"
"Do you find it difficult to work with staff of different hierarchical levels?"
"What are your working habits?"

« Avez-vous déjà rencontré des difficultés dans la compréhension des méthodes de travail en France ? »

« Que pensez-vous de l'atmosphère de travail dans les entreprises françaises ? »

« Vous adaptez-vous facilement à un changement d'équipe ou d'environnement de poste ? »

« Quelles sont les qualités que vous attendez de vos collègues de travail ? »

La vision de la vie professionnelle

Outre l'évaluation de la propension du candidat à s'intégrer dans l'entreprise, vous vous attacherez à mesurer son degré d'investissement personnel dans sa fonction, sa volonté de faire réussir son entreprise, sa capacité d'adhésion à des objectifs ainsi que ses attentes en terme de reconnaissance personnelle.

« Comment parvenez-vous à maintenir un équilibre entre vie professionnelle et vie personnelle ? »

« Êtes-vous disponible ? »

« Seriez-vous prêt à déménager ? »

« Pensez-vous qu'un collaborateur doit être totalement au service de son entreprise ? »

« Comment défendez-vous les intérêts de votre entreprise vis-à-vis de l'extérieur ? »

« Appréciez-vous d'être consulté pour la prise de certaines décisions ? »

« Lorsque vous remportez un succès, quelle reconnaissance attendez-vous de votre entreprise ? »

"Have you already encountered difficulties in understanding working habits in France?"
"What do you think about the working atmosphere in French companies?"
"Do you adapt easily to changes in your team or job environment?"
"What are the major qualities you expect from your colleagues?"

The view of professional life

Besides the capacity of the candidate to integrate into the company, try to assess as well his personal commitment to the job, his will to contribute to the success of his company, his capacity to hold to objectives and his expectations in terms of personal rewards.

"How do you manage to keep a balance between your professional and private life?"
*"Can you **devote** a lot of time to your professional life?"*

ALERTE PIÈGE :
« to devote » a deux sens : « se dévouer à » et également « consacrer » du temps ou de l'énergie.

*"Would you be ready **to relocate**?"*

EXPRESSION ET MOT CLÉ :
« to relocate » = déménager s'utilise dans l'entretien plutôt que « to move to ».

"Do you think that a staff member should be totally of service to his company?"
"How do you fight for your company's interests outside?"
"Do you appreciate being consulted on certain decisions?"
"When you have been successful, what kind of reward do you expect from your company?"

« Quelle serait pour vous l'entreprise idéale ? »
« Que vous a apporté votre expérience chez ABC ? »

Ces questions permettront au candidat d'exprimer précisément sa vision de la vie en entreprise ainsi que ses attentes en terme de management.

La discussion informelle sur les centres d'intérêt et la personnalité

Enfin, vous entrez dans la dernière phase, la plus subjective, celle qui va vous permettre de percevoir les aspects plus personnels du candidat, c'est-à-dire de connaître son caractère, ses goûts, son style de vie, ses centres d'intérêt etc.

Ces informations sont indispensables et complémentaires de la validation des aspects plus objectifs, car on recrute avant tout une personne qui, au-delà de ses compétences, devra être en harmonie avec son environnement, épanouir ses qualités, apporter une vision novatrice et représenter un atout de progrès pour l'entreprise.

Les loisirs, la vie sociale et culturelle

Ce champ d'investigation, considéré parfois comme secondaire, est devenu très important aujourd'hui où l'on recherche bien sûr une compétence mais également des aptitudes personnelles, les collaborateurs ayant souvent à faire face à des situations de stress.

Ces questions visent donc non seulement à permettre au candidat de vous faire part de ses centres d'intérêt et, pourquoi pas, de ses passions qui seront révélatrices pour vous de sa personnalité (introverti ou extraverti, altruiste ou égoïste, actif ou contemplatif, etc.)

"Could you describe your ideal company?"
"What was the profit you got from your experience at ABC?"

These questions will allow the candidate to express his vision of a company's life as well as his expectations in terms of management.

Informal discussion about interests and personality

You are entering the last stage, the most subjective one, which will allow you to assess more personal aspects of the candidate, i.e. his character, tastes, life style, personal interest and so on.

Remember you are recruiting a person who, beyond his/her skills, will have to live in harmony with his/her environment, express his/her qualities, bring an innovating view and be a real asset to make the company progress.

Hobbies, social and cultural life

This aspect formerly considered as secondary, has become more important nowadays when **abilities** but also personal **capacities** are sought where staff members often have to face stressful situations.

> **EXPRESSION ET MOT CLÉ :**
> « abilities » s'utilise aussi bien pour compétences (skill) que pour apti-
> tudes.
> « capacities » s'utilise pour les aptitudes ou les qualités.

These questions allow the applicant to express his personal interests, possibly his passions, which will show his perso-nality (introvert or extravert, altruistic or selfish, active or contemplative etc.)

C'est à ce niveau que, dans le cadre du recrutement de personnes d'origine étrangère, des écarts peuvent exister. En effet, l'appartenance à un club, à un groupe, est, par exemple, un élément très important d'intégration dans la culture anglo-saxonne. Le candidat ne sera pas étonné d'être questionné sur ses activités collectives.

Ne soyez pas choqué, par exemple, d'entendre parler de religion alors que ce sujet n'est jamais évoqué lors d'un entretien d'embauche. L'appartenance à une église est très « socialisé » dans les pays anglo-saxons (en particulier aux États-Unis) et ne fait pas appel à des clivages aussi marqués qu'en Europe.

En tout état de cause, il vous faudra rester vigilant sur le caractère acceptable de vos questions, certains candidats ne souhaitant pas trop parler de leur vie privée.

« Aviez-vous des activités extra scolaires pendant vos études ? »
« Pratiquez-vous régulièrement un sport ? »
« Vous mentionnez dans votre CV votre appartenance à une association, quel est son objet ? »
« Pourquoi avoir choisi ce type d'activité associative ? »
« Pratiquez-vous ce hobby depuis longtemps ? »
« Cette activité vous occupe-t-elle beaucoup ? »
« Est-ce uniquement un passe-temps ? »
« Comment passez-vous vos vacances ? »
« Aimez-vous voyager ? »
« Que recherchez-vous dans vos loisirs ? »

In the case of foreign candidates, some differences can be noticed. Belonging to a club, a group is for instance a very important element of integration in the Anglo-Saxon culture and the applicant will not be surprised to be asked questions about his social activities.

Do not be shocked if he refers to his religion, for instance, whereas this subject is never alluded to during a job interview. The fact of belonging to a church is involved in everyday social life especially in **the U.S.** and does not imply the same divides as in Europe.

ALERTE PIÈGE :
attention les noms de pays composés ou pluriel prennent un article, mais jamais les autres.

In any case, watch the extent of your questions in this field as some candidates do not want to talk too much about their personal life.

*"Did you have **extracurricular activities** during your studies?"*

EXPRESSION ET MOT CLÉ :
« extracurricular activities » = activités périscolaires.

*"Do you **practise** a sport regularly?"*
"You mention in your résumé that you belong to an association, what is its purpose?"
"Why did you choose this kind of association?"
"Have you had this hobby for a long time?"
"Do you devote a lot of time to this activity?"
"Is it just a hobby?"
"How do you spend your holidays?"
"Do you enjoy travelling?"
"What do you expect from your leisure time?"

ALERTE PIÈGE :
« to practise » en anglais britannique « to practice » en anglais américain.

L'évaluation du niveau culturel est également importante car, même s'il reste très lié au milieu social et au niveau d'études, elle permet de dénoter certains goûts et de valider la capacité du candidat à mener des relations de haut niveau dans le cadre de sa fonction. En effet, lorsqu'un ingénieur invite un interlocuteur extérieur à déjeuner, saura-t-il lui parler d'autre chose que de technique ?

« Quel est le dernier livre que vous avez lu ? »
« Quel est le dernier film que vous avez vu ? »

Le système de valeurs

La découverte du système de valeurs du candidat est également très intéressante, en particulier lorsque l'on veut le corréler avec la finalité du poste.

On aura tendance à recruter un commercial « matérialiste », etc.

« Quelle serait votre définition de la réussite ? »

Les relations interpersonnelles

Enfin, vous essaierez de découvrir quel est le mode de relation du candidat avec les autres, afin d'essayer de prévenir d'éventuels conflits au sein de l'équipe.

« Quels sont vos qualités et vos défauts ? »

Question piège par excellence, elle est surtout intéressante du point de vue de l'auto-évaluation que le candidat donnera de son caractère. Vous y décèlerez peut-être certaines réserves, voire des contradictions avec des éléments précédents etc. Si c'est le cas, relancez par d'autres questions.

Demandez-lui de vous donner des illustrations s'il ne le fait pas de lui-même, cela le poussera à vous dévoiler des situations précises qui lui ont éventuellement posé des problèmes.

Assessing the cultural background is very important as well for, even if it is linked to the social class and educational background, it helps to appraise the capacity of the candidate to lead high-level professional relationships. For instance, when an engineer takes a client to a restaurant for lunch, he will have to tackle various questions, besides technical ones!

"What is the last book you have read?"

"What is the last movie you have seen?"

Values

Discovering the values of the candidate is also very interesting, especially to make sure they match the job requirements.

A salesperson will have to be materialistic for instance, etc.

"Could you give your personal definition of success?"

Interpersonal abilities

Finally try to discover the kind of relationships the candidates usually has with his colleagues so as to avoid possible conflicts in the team.

"What do you think are your best qualities and possible shortcomings?"

This tricky question is particularly interesting as it shows how the candidates sees himself and his character. You might detect certain reservations even contradictions with previous aspects of the interview etc. If so, follow it up with more questions.

Ask the candidate to give you examples if he/she does not do it by him/herself, as this will urge him/her on disclosing specific situations when he/she had to solve problems.

« Citez-moi un exemple de situation au cours de laquelle vous avez ressenti ce handicap ? »

« À votre avis, quelles sont les qualités personnelles qui pourraient vous permettre de réussir dans ce poste ? »

« Décrivez-moi la personne idéale avec laquelle vous aimeriez travailler ? »

« Comment aimez-vous être encadré ? »

« Appréciez-vous d'être en relation avec des personnes de culture différente ? »

« Pourquoi souhaitez-vous évoluer vers une fonction internationale ? »

« Comment réagissez-vous face à une situation conflictuelle ? »

« Pouvez-vous travailler dans l'urgence ? »

« Comment gérez-vous votre stress ? »

Bien entendu, toutes ces questions sont données à titre d'exemple, et c'est au recruteur de ressentir le type de question à poser et le moment le plus propice à son questionnement.

Vous répondez aux questions du candidat

Dans une deuxième partie d'entretien, vous allez laisser le candidat vous poser à son tour des questions, et ce sera pour vous l'occasion de cerner ses attentes et les aspects du poste ou de l'entreprise qu'il privilégie.

Voici quelques exemples de questions typiques et de réponses possibles.

"Give me an example of a situation when you had to cope with this handicap?"
"In your opinion, what are the personal qualities which could allow you to succeed in this position?"
"Describe your ideal colleague?"
"How do you like to be managed?"
"Do you enjoy being in contact with people of different cultures?"
"Why do you want to direct your career towards an international position?"

ALERTE PIÈGE :
attention au sens de « to direct » = orienter et non pas diriger (to manage, to supervise).

"How do you react while facing a conflict situation?"
"Can you work to very tight deadlines?"

EXPRESSION ET MOT CLÉ :
« tight deadlines » = se réfère au respect de délais très serrés, « deadline » se traduisant par date limite.

"How do you react to stressful situations?"

All these questions are given as examples, as the recruiting consultant has to feel the best-adapted questions according to the context.

Replying to the candidate's questions

In part two of the interview, let the candidate ask questions in turn, as this will also be a way for you to appreciate his expectations and the aspects of the company and position he wants to focus on.

Here are some examples of typical questions and answers.

Sur l'entreprise

En complément de votre présentation en début d'entretien, le candidat peut avoir des questions complémentaires qui vous permettront probablement de mesurer son degré de connaissance de votre entreprise.

Q : « Avez-vous un projet de développement sur la zone Amérique Latine ? »

R : « Pas à court terme, mais je sais que notre service marketing doit mener une étude de marché prochainement. »

Q : « Pourriez-vous envisager de créer une implantation permanente sur le marché espagnol, à long terme ? »

R : « En effet, la croissance de nos activités sur cette zone pourrait le justifier, mais ce n'est pas à l'ordre du jour pour le moment, car d'autres paramètres doivent être étudiés. »

Sur le contenu du poste

Q : « Pourriez-vous me préciser la place du poste dans l'organigramme du service ? »

R : « Eh bien, le poste de commercial export est placé sous la responsabilité du responsable de zone qui lui-même dépend du directeur export. »

Q : « Le poste comprend-il de l'encadrement ? »

R : « Pas de façon directe, mais la personne est chargée de coordonner les interfaces logistiques situées dans les usines. »

Q : « Quels sont les outils informatiques utilisés dans ce poste ? »

R : « Le pack office plus un progiciel spécifique. »

Q : « Comment se passe la période de formation sur les produits ? »

About the company

As a complement to your presentation at the beginning of the interview, the candidate may have some questions to ask which will be an opportunity for you to check his knowledge of the company.

Q : "Are you planning to develop your activities in the Latin American area?"
A : "Well, not in the short run, but as far as I know, our marketing department will soon carry out a market survey."
Q : "Could you consider setting up a permanent establishment in the Spanish market, in the long run?"

ALERTE PIÈGE :
phrasal verb « to set up » = implanter (une filiale etc.), à ne pas confondre avec « to settle » = installer (une personne etc.)

A : "As a matter of fact, our growth in this market might justify such a project, but it is not planned yet, as other elements have to be studied."

About the nature of the position

Q : "Could you tell me precisely how the job is positioned in the organisation chart ?"
A : "Well, the export representative reports to the area sales manager who himself reports to the export director."
Q : "Does the job imply team management?"
A : "Not directly, but the person is in charge of co-ordinating all the logistics units located in our different works."
Q : "What are the main computer programs used in the job?"
A : "MS office plus a software package."
Q : "How do you organise the product training?"

R : « *Nous organisons d'abord un séminaire interne de présentation de deux jours animé par un ingénieur du service R&D, puis les nouveaux recrutés partent dans nos différentes usines pendant le premier mois du contrat, afin d'appréhender les principales étapes du processus de fabrication.* »

Sur son niveau d'autonomie

Q : « *Quelle est la marge de négociation laissée au commercial sur le terrain ?* »

R : « *Pour les commandes de plus de 20 000 euros, le barème de remise ne s'applique plus et il faut faire une demande auprès de la direction commerciale, mais en deçà de ce niveau, le commercial est parfaitement autonome dans ses décisions, sous réserve qu'il maintienne une marge brute moyenne de l'ordre de 8 %.* »

Q : « *Le titulaire du poste est-il également responsable de l'élaboration du budget ?* »

R : « *Absolument mais en concertation avec le directeur de division qui centralise le budget général.* »

Q : « *Quelle est la capacité de décision du titulaire en cas d'arbitrage sur un grand compte ?* »

R : « *Théoriquement, c'est le responsable du grand compte Europe qui tranche, mais il faut en discuter au cas par cas selon la situation locale.* »

A : "First, we arrange a two-day on-site presentation seminar led by an R&D engineer, then the new staff members are sent to our different **plants** during the first month in order to study the major steps of our manufacturing process."

ALERTE PIÈGE (Faux ami) :
« plant » se traduit par « usine » ou « installation ».

About autonomy and responsibilities

Q : "How much latitude is given to the sales team to negotiate prices?"
A : "For orders exceeding 20,000 Euros, the discount **scale** does not apply anymore and a request has to be sent to Sales Management. Below this level, the sales person is free to take his own decisions, provided he keeps an overall profit margin in the region of 8%."

EXPRESSION ET MOT CLÉ :
« a scale » = une échelle et également un barème.
« sliding » = variable, « increasing » = progressif, « decreasing » = dégressif.

Q : "Is the person in charge also responsible for making out the budget?"
A : "Absolutely, but with the agreement of the division director who centralises general budget planning."
Q : "What is the extent of decision-making in case of arbitration on a key account?"
A : "Normally, the Europe Key Account Manager decides but it has to be discussed according to the local situation."

Bien entendu, le candidat ne manquera pas de vous questionner sur les opportunités d'évolution disponibles à terme dans votre entreprise et sur votre politique de gestion des compétences et des carrières.

Q : « Quelles sont les possibilités d'évolution possibles à partir de ce poste ? »

R : « Eh bien, nous essayons de pratiquer une politique de mobilité à l'intérieur du groupe, c'est-à-dire qu'à chaque fois qu'un poste se libère nous le pourvoyons en interne, si c'est possible. En moyenne, nos cadres restent deux à trois ans sur le même poste puis se voient proposer une évolution. Pour ce type de poste, la promotion se fait d'abord vers l'animation d'un secteur, puis une supervision plus large, vers une responsabilité régionale. »

Q : « Comment veillez-vous à la mise à jour des compétences de vos collaborateurs ? »

R : « Nous organisons, dans le cadre du plan de formation, des séminaires sur les évolutions technologiques, les langues et l'informatique. Par ailleurs, les responsables de division font connaître les besoins spécifiques de leurs équipes en fonction des changements en cours dans les méthodes de travail ».

Vous négociez le contrat et le niveau de rémunération

L'une des difficultés que vous allez rencontrer sera sans doute d'expliquer les conditions du contrat de travail à une personne qui ne connaît pas nécessairement les spécificités du droit français et qui a toujours négocié dans un autre contexte réglementaire.

Future prospects offered by the job

The candidate will no doubt ask questions about opportunities for further development likely to be offered in time in your group, as well as about your company's policy in terms of skills and career management.

Q : "What are the opportunities available from this position?"
*A : "Well, we are trying to implement a relocation policy inside the group, that is each time a job becomes available we promote inside staff members, whenever it is possible. Generally, our **middle-management** remains for about 3 years in the same position then they are offered a promotion. For this kind of job, the evolution is first directed towards an area supervision then towards a wider area and finally towards a regional responsibility ."*

EXPRESSION ET MOT CLÉ :
« middle-management » = cadres moyens.

Q : "How do you update the skills of your staff ?"
A : "Within the framework of our training plan, we organise training sessions on technological upgrading, foreign languages and computer science. Besides this, the heads of divisions let us know the specific requirements of their teams according to the current changes in their working methods."

Negotiating the contract and salary package

Main contractual provisions

One of the difficulties encountered will be to explain **the terms of the contract** of employment to a person who is not necessarily aware of aspects of French Law and has so far negotiated in a different legal context.

Dressons la check-list non exhaustive d'un contrat de travail français et tentons d'anticiper les questions du candidat :

Objet :

Durée et temps de travail
(temps partiel ou plein temps) :

Modalités de rémunération
(voir dans la suite du chapitre) :

Statut :

Période d'essai et de préavis :

Mobilité :

Avantages liés à la fonction
(voir dans la suite du chapitre) :

Voici qu'arrive le moment jugé souvent critique (des deux côtés d'ailleurs) de discuter de la rémunération. La balle est dans votre camp, et vous avez peut-être déjà une petite idée de la fourchette recherchée par votre candidat, en particulier si vous lui avez fait remplir un dossier de candidature. En partant de la sempiternelle question :

« Quelles sont vos prétentions ? »

Vous allez ouvrir un large champ de négociation dans lequel vous essaierez de mettre en valeur l'ensemble des avantages offerts et leur incidence sur le niveau de rémunération octroyé.

EXPRESSION ET MOT CLÉ :
« terms » = les conditions, s'utilise plutôt que « conditions ».

Let's draw up a list of key points in a French employment contract to foresee the questions of the candidate:

Subject:

Duration and job term (part-time or full-time):

Salary package (see the rest of the chapter):

Status:

Trial period and **notice**:

Relocation:

Benefits offered (see the rest of the chapter):

EXPRESSION ET MOT CLÉ :
« a 3-month notice » = un préavis de 3 mois.
« to give notice » = démissionner.

Now comes the decisive moment: discussing the wage level. The ball is in your court and you probably already have an idea of the salary range of the candidate, especially if he has filled in an application form. Start with the ageless question:

"What sort of salary do you want?"

And open up negotiations, while stressing all the benefits offered and their influence on the wage level.

Tout d'abord, faites préciser à votre candidat les différents éléments qui lui permettent de se positionner à un tel niveau :

« Quel était votre dernier niveau de salaire ? »
« Pourquoi recherchez-vous un salaire plus élevé aujourd'hui ? »
« Quels sont les atouts que vous apportez à notre entreprise et qui pourraient justifier vos prétentions ? »
« De quels avantages bénéficiez-vous dans votre dernier poste ? »

Ces questions vous permettront de tester le réalisme de votre candidat en matière salariale, ses attentes ainsi que son réel niveau de rémunération antérieur, tout compris.

Vous allez maintenant lui présenter votre offre, en mettant en valeur chaque élément, de façon à ce qu'il puisse raisonner non seulement en salaire mais également en pouvoir d'achat réel du salaire (incidences fiscales comprises).

Le niveau de salaire dans la grille

Pour des fonctions commerciales, il est fréquent que le salaire se compose d'une part fixe et d'une part variable. Pour les autres fonctions, on parlera plutôt des primes et avantages offerts par l'entreprise.

La part fixe

Vous allez expliquer à votre candidat que le salaire proposé s'inscrit dans une grille générale de l'entreprise, qui prend en compte un certain nombre de critères (niveau d'études, nombre d'années d'expérience, langues étrangères) dont le plus pertinent reste bien entendu le poste pour lequel il est recruté.

First, ask the candidate to list the main elements which account for his required salary:

"What was the amount of your last salary?"
"Why are you seeking a higher wage today?"
"What are the assets you offer which could account for the salary you require?"
"What kind of benefits did you have in your last position?"

These questions will allow you to test whether your candidate is realistic about salary matters, his expectations as well as his actual previous salary, including all benefits.

Now you introduce your offer, underlining each element so that he can assess it not only in terms of salary but also in terms of purchasing power (including tax impact).

The company's salary scale

In case of sales positions, earnings are composed of a fixed salary plus commission. For other positions a basic pay is offered plus **bonus** and benefits.

> **EXPRESSION ET MOT CLÉ :**
> « bonus » = prime ou gratification, à ne pas confondre avec
> « premium » qui s'utilise plutôt pour les primes d'assurance.

Fixed salary

Explain to your candidate that the fixed salary offered is part of a general company scale which allows for a certain number of criteria like educational level, number of years of experience, foreign languages and of course the level of the position itself.

Si votre entreprise appartient à une convention collective de branche, vous lui expliquerez les statuts (le statut cadre n'existe qu'en France !), les niveaux, les échelons etc. qui influencent le salaire d'embauche.

> « *Nous proposons pour ce poste en CDI un salaire annuel brut de 47 K€ avec un statut cadre et un niveau II, échelon 540, position "ingénieur d'affaires débutant".* »

La part variable

Présentez-la de façon précise et claire :

> « *En complément du salaire de base fixe, vous percevrez des commissions sur le chiffre d'affaires mensuel hors taxes de votre secteur selon un barème progressif par tranche de 10 000 euros, ce barème est joint en annexe au contrat de travail.* »
>
> « *Des primes d'objectifs sur le chiffre d'affaires annuel de la zone sont calculées en fin d'année selon un barème fixé par la direction commerciale export.* »

Les primes et accessoires

N'hésitez pas à mettre en avant tous les éléments susceptibles de compléter la rémunération et de la rendre plus attractive.

> « *En plus du treizième mois versé en fin d'année "prorata temporis", une prime de vacances d'un demi mois de salaire est ajoutée à la paye du mois de juin.* »
>
> « *Notre entreprise a signé un accord de participation des salariés aux bénéfices de l'entreprise, celle-ci étant versée sur un compte bloqué pendant 8 ans, rémunéré et exonéré d'impôts sur le revenu, il est en moyenne égal à un demi salaire mensuel.* »

If your company belongs to a collective agreement, explain the status (the "cadre" status only exists in France!), the levels, grades likely to influence the starting salary.

"We offer for this position a permanent contract with a gross annual salary of 47 K€ with management status, level II, grade 540, job title "Junior Business Engineer"."

Commission

Explain with accuracy and precision:

"In addition to the fixed basic salary, you will earn commissions based on the net monthly turnover of your area, according to an increasing scale, per range of 10,000 euros. This scale will be attached to your contract."

"An annual bonus, based on the sales figures achieved in the area, is calculated at the end of the year according to a scale worked out by the export sales management."

Bonus and package

Feel free to emphasise all the elements likely to increase the salary level and make it more attractive.

"In addition to a one month's salary as a bonus payable at the end of the year in proportion to your length of service in the company, half a month's salary is paid in June for the holiday period."

*"Our company has entered into a profit sharing plan, the employee's holdings being credited to a tax free savings account frozen for 8 years, including interest. It generally **amounts to** half a month per year."*

> **EXPRESSION ET MOT CLÉ :**
> « to amount to » = s'élever à pour une somme.

Les avantages liés à l'entreprise et à la fonction

Les candidats apprécient de se voir proposer des avantages « en nature » ou qui ne sont pas imposables. Cela représente un excellent argument, si votre grille est un peu basse par rapport à votre secteur, pour démontrer à votre futur collaborateur que, « tous comptes faits », et si l'on prend en compte l'incidence fiscale, votre offre reste très compétitive.

Essayez de les classer par catégorie :

Les avantages offerts par le comité d'entreprise

Prise en charge de l'accès à la cantine, tickets restaurants, réductions sur des activités de loisirs (théâtres, parc à thèmes, séjours, colonies de vacances), chèques vacances, cadeaux de fin d'année etc.

Les avantages liés directement à la fonction

C'est le cas de la voiture de fonction, du téléphone mobile, de l'ordinateur portable, des frais de réception etc.

Les avantages offerts par l'entreprise

La subrogation à la Sécurité sociale, l'adhésion à une mutuelle à un tarif compétitif, les plans d'épargne et de retraite entreprise, les actions offertes, etc.

« Après une année d'ancienneté, tout salarié peut bénéficier des avantages suivants : . . . . »

Benefits offered by the company and the position

Candidates appreciate benefits which are not **subject to** taxes.

> *EXPRESSION ET MOT CLÉ :*
> « to be subject to » = soumis à.

This is an excellent argument to demonstrate to the candidate that, although your company scale is a bit lower for your field, your offer remains quite interesting if all the elements are accounted for.

Try to sort them out:

The benefits offered by the works council

Lower rate at the canteen, lunch vouchers, price reductions on some leisure activities (theatres, theme parks, stays, holiday camps), incentive travel cheques, presents for New Year events, etc.

The benefits linked to the job

This can be a company car, a cellular phone, a portable computer, entertainment allowance etc.

The benefits offered by the company

Social security package, complementary health insurance at a very competitive price, savings and **retirement** plans, stock options, etc.

> *ALERTE PIÈGE **(Ne pas confondre)** :*
> « to retire » = partir à la retraite et « to resign » = démissionner !

After a first full year in the company, all staff members can be offered from the following benefits : .... "

L'évolution salariale dans l'entreprise

Enfin, mise à part la négociation du salaire de départ, il peut être intéressant de faire valoir au candidat les perspectives d'évolution du salaire au sein de votre entreprise, de façon générale et individualisée.

> *« À l'approche de la fin de l'année, les responsables de division organisent des rendez-vous individuels afin de faire le point des performances personnelles de chacun, de parler de l'année à venir et de décider des augmentations attribuées individuellement, par ailleurs tous les salaires sont réévalués chaque année en fonction de l'inflation. »*

Vous concluez l'entretien

Récapitulez les éléments de l'entretien

En situation de communication dans une langue étrangère, il est important de s'assurer de la mutuelle compréhension des informations échangées, voire des orientations ou des engagements pris.

Les attentes du candidat et son intérêt pour le poste

> *« Donc, vous me confirmez que ce poste correspond bien à vos objectifs professionnels ainsi qu'à vos aspirations en terme d'environnement d'entreprise ? »*
>
> *« Avez-vous des questions complémentaires à poser sur le poste ? »*
>
> *« Seriez-vous prêt à vous déplacer en Allemagne afin de rencontrer notre directeur du Marketing ? »*

Salary evolution in the company

Finally, besides the starting salary, mention the salary prospects in your company, both at an individual and general level.

"By the end of each year, the heads of divisions arrange individual meetings to assess the personal achievements of each staff member, to consider the assignments of the coming year, and to decide individual pay rises. In addition, all salaries are reassessed according to inflation."

Concluding your interview

Recapitulate the elements of the interview

When communicating in a foreign language, make sure that both parties agree on the information given, directions and commitments.

The candidate's expectations and his interest in the job offered

"So, you are sure that this job matches your professional objectives and expectations?"
"Do you have any further questions to ask?"

EXPRESSION ET MOT CLÉ :
« further » = l'adjectif veut dire complémentaire (plus utilisé que « complementary »).

"Would you be ready to go to Germany to meet our marketing manager?"

Le niveau de salaire demandé

« Vous seriez donc d'accord pour rediscuter des conditions contractuelles et du niveau de rémunération lors de votre prochain entretien avec notre DRH Europe. »

« Vous convenez avec moi que la négociation du niveau de rémunération doit prendre en compte l'ensemble des accessoires ainsi que les primes spécifiques au statut d'expatrié. »

Sa disponibilité

« Quand pourriez-vous vous rendre disponible ? »

« Pensez-vous pouvoir raccourcir votre délai de préavis à 2 mois ? »

« Serez-vous en mesure de vous rendre en Hollande lors du premier mois pour une formation sur les produits ? »

Le positionnement éventuel de sa candidature

« Nous sommes en début de recrutement et il m'est difficile de vous donner une indication pour le moment. »

« Compte tenu des autres candidats que nous avons déjà rencontrés, je pense que vous serez en lice pour le second entretien avec notre direction Europe. »

Indiquez au candidat la suite des événements

Il est à tout le moins poli, au moment de clôturer l'entretien, de préciser au candidat les étapes ultérieures de la procédure de recrutement.

Un autre entretien

« En règle générale, le premier entretien est suivi d'une session d'évaluation par un cabinet externe. Puis d'un éventuel entretien avec le supérieur hiérarchique direct du poste. »

Salary requested

"So, you would agree to reconsider the contractual terms and salary during your next interview with our HR in Europe, wouldn't you?"
"You do agree that the salary negotiated must reflect the whole package offered as well as the specific bonus for expatriation, don't you?"

His/her notice obligation to the current employer

"When do you think you could join our company?"
"Do you think you might shorten the notice to two months?"
"Would you be in a position to go to Netherlands during the first month to be trained to our products?"

The fact that the candidate has been shortlisted

"We are just starting our recruitment, so I cannot make any promises at the moment."
"Considering the applicants we have already met, I think that you will be shortlisted for a second interview with our European management."

Explain to the candidates what will come next

The candidate will expect you to explain by the end of the interview the next stages of the recruiting process.

Another interview

*"The first interview is generally followed by an assessment achieved outside. Then we **possibly** organise an interview with the senior manager."*

ALERTE PIÈGE :
« possibly » se traduit par éventuellement et « eventually » se traduit par finalement.

« En fin de parcours, notre PDG souhaite rencontrer tous les nouveaux cadres recrutés, parfois au cours d'un déjeuner. »

Des tests

« Notre procédure de recrutement prévoit une série de tests psychotechniques et de personnalité. »
« Nous faisons réaliser une analyse graphologique pour tous les postes à responsabilités. »

Une réponse définitive

« Je vous ferai connaître notre décision sous 10 jours par courrier. »
« Vous recevrez une confirmation de notre accord sous forme d'une lettre d'embauche dans deux jours. »
« Vous serez convoqué sous 10 jours pour venir signer votre contrat. »

Et, en guise de conclusion :

« Nous sommes très heureux de vous accueillir dans notre groupe au sein duquel vous trouverez l'environnement que vous recherchez et où les perspectives d'évolution sont nombreuses et passionnantes à l'international. »

Enfin, vous aurez à cœur de suivre avec vigilance l'intégration harmonieuse de cette nouvelle recrue afin de garantir le succès et la pérennité de votre recrutement. En particulier, vous vous assurerez de son installation et de celle de sa famille, de son accueil au sein de l'équipe et vous essayerez d'aplanir les difficultés qui risqueraient de le décourager dans son projet à plus long terme.

"By the end of the recruiting process our general manager wants to meet the new persons recruited, sometimes during a lunch."

Some tests

*"Our recruiting procedure is based on a **series** of psychological and personality tests."*
"We carry out a graphological analysis for all management positions."

ALERTE PIÈGE :
« series » est toujours au pluriel : « a series of... » « series of... »

A final answer

*"I will let you know our decision **within** 10 days by mail."*

EXPRESSION ET MOT CLÉ :
« within » = expression très pratique qui se traduit par « sous » ou « dans un délai de ».

"You will receive a confirmation of our agreement by mail within two days."
"We will call you within 10 days to ask you to come and sign your contract".

And, as a conclusion:

"We are really pleased to welcome you in our group where you will find the kind of environment you are looking for, offering various and exciting international opportunities."

Finally, follow the integration of this new staff member in order to grant the success and permanence of your recruitment. Make sure particularly of his personal and family installation, the fact that he will be welcomed in the team, try to iron out all the difficulties likely to deter him from his project in the long run.

Exemple de lettre de refus

Monsieur,

Comme suite à nos différents entretiens de sélection, nous sommes au regret de vous faire savoir que votre candidature n'a pas été retenue.

En effet, nous avons dû donner la préférence à un candidat répondant plus précisément à l'ensemble des exigences du poste et cela malgré les atouts dont vous disposiez également.

Nous conservons votre dossier et ne manquerons pas de reprendre contact avec vous si une nouvelle opportunité intéressante se présentait à l'intérieur de notre groupe.

Nous sommes convaincus que vous trouverez rapidement un poste répondant à vos compétences et à vos attentes et vous prions d'agréer, Monsieur, l'expression de notre sincère considération.

Exemple de lettre d'engagement

Monsieur,

Pour faire suite à notre entretien du 14 février, nous avons le plaisir de vous confirmer que votre candidature a été acceptée pour le poste de « responsable grands comptes Europe ».

Vous trouverez ci-joint deux exemplaires du contrat de travail dont un double est à nous retourner signé dans les meilleurs délais.

Comme convenu, vous entrerez en fonction le 1ᵉʳ avril prochain.

Dans l'intervalle, n'hésitez pas à nous contacter pour toute précision ou question que vous jugeriez utile.

Nous nous réjouissons de vous accueillir au sein de notre groupe et sommes convaincus que notre future collaboration sera des plus fructueuses.

Dans cette attente, veuillez agréer, Monsieur, l'expression de notre sincère collaboration.

Sample negative answer

Dear Mr. Jones,

Further to our job interviews, we regret to let you know that your application has not been selected.

As a matter of fact, despite your numerous assets, we had to choose a candidate likely to meet all the job requirements.

We keep your application file and, should an other rewarding opportunity occur in our group, we will get in touch with you again, without fail.

We trust you will soon find a position in compliance with your expectations and skills,

Sincerely,

Sample letter of employment

Dear Mr. Jones,

Further to our interview of February 14th, we are pleased to confirm that you have been appointed as our "Europe Key Accounts Manager".

You will find enclosed your contract of employment in duplicate. Please return one copy duly signed as soon as possible.

As agreed, you contract is to start on April 1st.

In the meantime, feel free to contact us for any particular or information you would require.

We are glad to welcome you in our group and trust our collaboration will be successful.

Sincerely,

Déjouez les pièges
et entraînez-vous

Beat the traps
and practise !

Expressions clés / Key expressions

Turnover	⇨	Chiffre d'affaires / rotation
Sales figures	⇨	Chiffre d'affaires
Circa	⇨	Aux alentours de
Consumer goods / capital goods	⇨	Biens de consommation / biens d'équipement
H.R.	⇨	Ressources humaines
To report to	⇨	Dépendre de / travailler sous la direction de
To meet (the job requirements)	⇨	Répondre / correspondre (aux exigences du poste)
Syllabus / curriculum	⇨	Programme des études / cursus
To be made redundant	⇨	Être licencié pour raison économique
To be dismissed	⇨	Être licencié pour faute professionnelle
To relocate / relocation	⇨	Déménager / la mobilité

Skills / abilities	⇨	Compétences
Capacities / abilities	⇨	Aptitudes / qualités personnelles
Extracurricular	⇨	Extra scolaire
A salary scale	⇨	Une grille de salaire
Middle management	⇨	Cadre moyen
The terms of a contract	⇨	Les conditions du contrat
A 3-month notice	⇨	Un préavis de 3 mois
A bonus	⇨	Une prime
To amount to	⇨	S'élever à
To be subject to	⇨	Être soumis à / sous réserve de
Further information	⇨	Des renseignements complémentaires
Within	⇨	Dans un délai de

Ne pas confondre / Do not mix up

To be in charge of = être responsable de	⇨	To arrange for = se charger de
40,000 £ and 2.5%	⇨	40 000 £ et 2,5 %
Programme and co-ordination (GB)	⇨	Program and coordination (US)
Stakeholders = partie prenante	⇨	Stockholders = actionnaires (US)
Négociation en français	⇨	Negotiation en anglais
La terminaison SE en anglais	⇨	Devient ZE en américain
A department = un service	⇨	A service = une prestation de service
A branch (office / agency)	⇨	Une succursale
A subsidiary (affiliate)	⇨	Une filiale
A head-office (headquarters)	⇨	Un siège social
A Parent Company	⇨	Une maison mère
Account Manager	⇨	Chargé de clientèle
Accounting Manager	⇨	Responsable comptable
Work placement / training period (GB)	⇨	Internship = stage pratique (US)
"Nice to meet you" / "How do you do" (Enchanté de vous connaître)	⇨	"How are you" (comment allez-vous ?)

152

Customs (Her Majesty's Customs) (La douane britannique) ⇨ customs = les coutumes

To underline = souligner, insister sur ⇨ To outline = donner les grandes lignes

To update = mettre à jour / actualiser ⇨ To upgrade = améliorer un produit, remplacer par une nouvelle version

Materials = des matériaux ⇨ Equipment = du matériel de

I am used to playing tennis = avoir l'habitude de (l'action se poursuit) ⇨ Last year, I used to play tennis = habitude du passé révolue

Dutch en anglais =la langue hollandaise ⇨ German = l'allemand

To manage = gérer, diriger ⇨ To manage to do something = réussir à faire

To check = vérifier ⇨ To check with = être conforme, concorder

To retire = partir à la retraite ⇨ To resign = démissionner

To practise (GB) ⇨ To practice (US)

Personnel ⇨ Le personnel

Personal ⇨ Adj "personnel"

To forward ⇨ Envoyer

To forward to ⇨ Transmettre

Trade = le commerce ⇨ Trading = le négoce

Faux amis / False friends

Literature	⇨	La documentation commerciale
Benefits	⇨	Les avantages
To join a company	⇨	Être embauché dans une société
To enclose	⇨	Joindre un document à une lettre
Deputy / Assistant	⇨	Adjoint
To design	⇨	Concevoir
Facilities	⇨	Installations, équipements, aménagements, établissements
To support	⇨	Soutenir, apporter son aide
Comprehensive	⇨	Complet, exhaustif
Qualifications	⇨	Diplômes obtenus
Premises	⇨	Des locaux
Works / plant	⇨	Usine
Currently	⇨	Actuellement
To demand	⇨	Exiger
To attend	⇨	Participer à
A dispute / an argument	⇨	Un litige / une dispute
To direct / to change direction	⇨	Orienter / réorienter
Possibly / eventually	⇨	Eventuellement / finalement

Verbes à particules / Phrasal verbs

To draw up	⇨	Établir, élaborer
To work out	⇨	Établir, élaborer, calculer
To call in for an interview	⇨	Convoquer à un entretien
To take over	⇨	Racheter, prendre le contrôle d'une entreprise
To see to	⇨	Veiller à
To forward to	⇨	Transmettre
To carry out	⇨	Exécuter, réaliser
To allow for	⇨	Tenir compte de
To set up	⇨	Implanter
To follow up	⇨	Suivre / relancer
To lay out	⇨	Présenter, disposer The lay out = la présentation
To look forward to (v + ing)	⇨	Attendre (avec plaisir)
To split up	⇨	Répartir, décomposer
To comply with	⇨	Se conformer à

Tests autocorrectifs / Tests

● Choisissez le terme le mieux approprié au contexte :

1. *"We are going to hire a new......................Manager"*

   ❏ Financial   ❏ Finance
   ❏ Financials   ❏ Finances

2. *"We require a ....Degree ...... Law"*

   ❏ 4-years / of   ❏ 4-years /in
   ❏ 4-year /in   ❏ 4-year / of

3. *"Further to your letter ....February 14ᵗʰ"*

   ❏ Dated   ❏ Dated of
   ❏ From   ❏ Dated from

4. *"The head-office can also be called:"*

   ❏ An agency   ❏ Headquarters
   ❏ A parent company   ❏ An affiliate

5. *"He is from Germany, he speaks:"*

   ❏ Deutsch   ❏ Germen
   ❏ Dutch   ❏ German

6. *"He is in charge of selling our products, he works in the:"*

   ❏ Commercial service ❏ Sales department
   ❏ Sales service   ❏ Selling service

7. *"My company was taken over and my position was suppressed, I:"*

   ❏ was made redundant ❏ was fired
   ❏ was dismissed   ❏ was laid off

156

8. *"We are going to* .... *a branch in Morocco"*
   - ❑ settle
   - ❑ settle down
   - ❑ set up
   - ❑ set upon

9. *" At the age of 65, all staff members* .... *"*
   - ❑ retire
   - ❑ resign
   - ❑ retreat
   - ❑ are laid off

10. *"In addition to your basic salary, you will earn a* .... *"*
    - ❑ prime
    - ❑ premium
    - ❑ bonus
    - ❑ benefits

11. *"Your wage is assessed on the basis of our salary* .... *"*
    - ❑ scale
    - ❑ range
    - ❑ chart
    - ❑ schedule

12. *"Here is some* .... *to introduce our company. "*
    - ❑ documentation
    - ❑ documents
    - ❑ literature
    - ❑ booklets

13. *"In this position, I* .... *order-processing".*
    - ❑ arranged for
    - ❑ arranged
    - ❑ was in charge of
    - ❑ was aware of

14. *"We are going to* .... *a draft contract".*
    - ❑ elaborate
    - ❑ work out
    - ❑ draw
    - ❑ draw up

15. *"A synonym of sales figures is:"*
    - ❑ business figures
    - ❑ benefits
    - ❑ turnover
    - ❑ turnaround

16. "Our group has achieved a two-digit growth with a 25% increase in our ....:"

   ❏ benefits   ❏ advance
   ❏ profits   ❏ cash-flow

17. "When did you ....this group?"

   ❏ enter   ❏ join
   ❏ enclosed   ❏ hire

18. "The person in charge when the head is away, is called the:"

   ❏ personal assistant   ❏ assistant
   ❏ deputy   ❏ subscriber

19. "Consumer goods are defined as opposed to"

   ❏ equipment goods   ❏ tangible goods
   ❏ capital goods   ❏ material goods

20. "The equivalent of shareholders in American English is:"

   ❏ stakeholders   ❏ stockholders
   ❏ stokeholders   ❏ shoreholders

21. "When you want to help someone, you try to .... him:"

   ❏ support   ❏ feed back
   ❏ surtain   ❏ back off

22. "An office can also be called:"

   ❏ a subsidiary   ❏ a branch
   ❏ an affiliate   ❏ a joint-venture

23. "An affiliate can also be called:"

   ❏ an agency   ❏ a branch
   ❏ a subsidiary   ❏ a joint-venture

158

24. *"The person in charge of accountancy is called: "*

❏ an account manager   ❏ an accounting manager
❏ a key account manager   ❏ an accountancy manager

25. *"Qualifications refer to:"*

❏ diplomas   ❏ technical skills
❏ job requirements   ❏ particular knowledge

26. *"A work placement is:"*

❏ a part-time job   ❏ a training period
❏ a full-time job   ❏ an internship

27. *"We are going to .... all these candidates for an interview"*

❏ call in   ❏ call out
❏ call on   ❏ call for

28. *"When you meet someone for the first time you say:"*

❏ nice to see you   ❏ nice to meet you
❏ how do you do   ❏ how are you

29. *"I am going to .... our relocation policy in a few words"*

❏ underline   ❏ overline
❏ subline   ❏ outline

30. *"Our products are regularly .... according to new technological developments."*

❏ updated   ❏ outlined
❏ upgraded   ❏ underlined

31. *"We are specialised in medical ...."*
- ❏ equipment
- ❏ materials
- ❏ material
- ❏ assemble

32. *"Are you used to .... large-sized teams ?"*
- ❏ manage
- ❏ managing
- ❏ managed
- ❏ manages

33. *"Why did you change .... two years ago, after your first experience ?"*
- ❏ evolution
- ❏ orientation
- ❏ direction
- ❏ location

⏺ Mettez l'article défini lorsque cela est obligatoire :

34. .... U.S.A

35. .... Spain

36. .... Philippines

37. .... Netherlands

38. .... Italy

39. .... Germany

40. .... Australia

Corrigés des tests autocorrectifs

1. Finance Manager – « Nous allons embaucher un nouveau directeur financier »

2. 4-year Degree **in** Law – « Nous demandons un diplôme de droit de niveau bac + 4 »

3. Dated – « Comme suite à votre lettre du 14 février... »

4. Headquarters – « Le siège social s'appelle également l'état major »

5. German – « Il vient d'Allemagne, il parle allemand » (Dutch veut dire hollandais)

6. Sales department – « Il est responsable des ventes, il travaille au service commercial »

7. Made redundant – « Ma société a été rachetée et mon poste supprimé, j'ai été licencié économique »

8. Set up – « Nous allons implanter une succursale au Maroc »

9. Retire – « A l'âge de 65 ans tous les employés partent à la retraite »

10. Bonus – « En complément du salaire de base, vous recevrez une prime »

11. Scale – « Votre rémunération est fondée sur notre grille de salaire »

12. Literature – « Voici de la documentation sur notre société »

13. Was in charge of – « Dans ce poste, j'étais responsable de la gestion des commandes »

14. « Draw up » ou bien « work out »– « Nous allons établir un projet de contrat".

15. Turnover – « Un synonyme de chiffre d'affaires »

16. *Profits* – « *Notre groupe a connu une croissance à deux chiffres avec une augmentation de 25 % du bénéfice* »

17. *Join* – « *Quand avez-vous rejoint ce groupe ?* »

18. « *Deputy* » *ou bien* « *assistant* » – « *La personne responsable quand le chef est absent s'appelle l'adjoint* »

19. *Capital goods* – « *Les biens de consommation sont définis par opposition aux biens d'équipement* »

20. *Stockholders* – « *L'équivalent d'actionnaires en anglais américain est ....* »

21. *Support* – « *Quand vous voulez aider quelqu'un, vous essayez de le soutenir* »

22. *A branch* – « *Un bureau peut également s'appeler une succursale* »

23. *A subsidiary* – « *Une société affiliée peut également s'appeler une filiale* »

24. *An accounting manager* – « *La personne responsable de la comptabilité s'appelle un chef comptable* »

25. *Diplomas* – « *Le mot anglais "qualifications" se réfère aux diplômes* »

26. « *A training period* » *ou bien* "*an internship*" – « *Un stage en entreprise....* »

27. *To call in* – « *Nous allons convoquer tous ces candidats à un entretien* »

28. « *Nice to meet you* » *ou bien* « *How do you do* » – « *Quand vous rencontrez quelqu'un pour la première fois vous dites : enchanté !* »

29. *To outline* – « *Je vais vous donner les grandes lignes de notre politique de mobilité* »

30. *Upgraded* – « *Nos produits sont régulièrement améliorés en fonction des avancées technologiques* »

31. *Equipment* – « *Nous sommes spécialisés dans le matériel médical* »

32. *Managing* – « *Avez-vous l'habitude de gérer des équipes de taille importante* »

33. *Direction* – « *Pourquoi avez-vous changé d'orientation il y a deux ans, après votre première expérience ?* »

34. *The USA* – *Les États-Unis*

35. *Spain* – *L'Espagne*

36. *The Phillipines* – *Les Phillipines*

37. *The Netherlands* – *La Hollande ou les Pays-Bas*

38. *Italy* – *L'Italie*

39. *Germany* – *L'Allemagne*

40. *Australia* – *L'Australie (ne pas confondre avec « Austria » L'Autriche !)*

www.ingramcontent.com/pod-product-compliance
Lightning Source LLC
Chambersburg PA
CBHW060028210326
41520CB00009B/1044